Read 轻阅读 08

人人可以读懂的霍金

每天读一点时间简史

[英] 斯蒂芬·霍金 ⊙ 原著　王宇琨 ⊙ 编著

南海出版公司

2010·海口

时间的莫比乌斯螺旋

在这条莫比乌斯带上，箭头指明了局部未来的方向。然而，像这些蚂蚁一样沿着莫比乌斯带行走，过去和未来可能会调换位置，于是莫比乌斯螺旋就有了时间方向。

调侃时间

“……时间究竟是什么？没有人问我，我倒清楚，有人问我，我想给他解释，却茫然不解了……”伟大的神学家圣·奥古斯丁，在《忏悔录》一书中道出了自己的困惑。事实上，时间的本质不仅让奥古斯丁感到困惑，还让很多人陷入了没有出口的思考。过去和未来真的存在吗？我们可以穿越时光隧道去旅行吗？时间的方向是一定吗？时间会发生由未来指向过去的逆转吗？这些无法解决的问题让宛如陷阱一般困住了众多的哲学家和科学家。

人类一思考，上帝就发笑

时间无处不在，而我们是如何知晓它的呢？早在 4000 多年前，聪明的古埃及人已经会通过看石塔的阴影来测量时间了，同时，他们还发明了一种有流水经过的石制容器来测量时间；到了公元前 19 世纪，古巴比伦人已经能够相当精确地计算时间了，他们依据太阳和星星的方位把一天分为若干个小时，把每个小时分为 60 分钟，再把每分钟分为 60 秒，这样测量时间的误差是非常小的；此外，人们的自身也是一个相当精确的钟表，例如，人们的心脏在正常情况下的跳动频率和生理周期都具有节律性；更为神奇的是，人们的内心可以在不借助任何计时工具的情形下觉察出时间的流逝，可以回忆过去，也可以憧憬未来，能够估算客观的时间，虽然情绪会引起一定程度的偏差。总而言之，时计和内心是时间的两个基本来源。

于是，人们开始了对时间的探索。奥古斯丁认为时间并不是真正独立于大脑而存在的，波斯哲学家阿维森那表示赞同，认为时间只是人们记忆和期望的体现，同时，法国哲学家亨利·柏格森也认同这个观点，他觉得对于新生儿而言，是没有时间体验的。或者说，在对于时间流逝的感受上人们可能没有达成共识，但是对于事件发生的顺序人们是基本承认的。

谈及时间，必然涉及宇宙的由来，从而人们又开始了关于宇宙开端的争论。当奥古斯丁被问及“上帝在宇宙创始之前做了什么”时，他从神学的角度作出了回答：时间是上帝赋予宇宙的性质中的一种。经典力学之父艾萨克·牛顿爵士则认为，时间不依赖于宇宙中的任何特定物质，它独立于宇宙中的内容之外，他的观点赋予了上帝更多的荣誉。然而，德国的哲学家威廉·莱布尼茨却反驳道：如果牛顿正确，那么世界为什么在这个时刻产生而不是在其他某个时刻呢？他认为，没有充足的理由，上帝是不会创造世界的。二人引发的争论一直延续到 20 世纪人们争论爱因斯坦的广义相对论属于相对主义还是绝对主义。

上帝笑了，霍金也笑了

长期以来，人们对时间的认识不断地发生着变化，直到 20 世纪初，人们都认同绝对时间的理论，也就是说，每一件事，都可以由一个称为“时间”的数以唯一的方式来标记，然而，在相对论中，时间却会根据计时者的改变而改变，即时间更具有主观意义了。因此，科学定律并不能区分过去和未来。

那么时间的指向何在呢？霍金认为至少有三种时间之矢：第一，热力学时间之矢，即无序度和熵值增加决定时间的指向；第二，心理学时间之矢，即感觉中时间流逝的方向是过去而不是未来；第三，宇宙学时间之矢，即宇宙膨胀而不是收缩的方向决定时间的指向。霍金论证了三种时间之矢的同一方向性，并推断，宇宙始于一种无序的状态。这就是霍金令人敬畏的发现之一——对时间本质和宇宙由来的权威性总结。

我们一起参与时间的探索

爱因斯坦说：“宇宙中最不可理解的就是宇宙可以被理解。”在浩瀚的宇宙中，人类平凡而渺小，但是人类从来都没有停止过探索的脚步。就像霍金，他的探索精神将引领每个人去探索，去发现，去实现人类的进步。然而，探索不是物理学家的特权，而是每一个人都可以参与的活动。以时间为例，走近它，感受它，思考它，将带领我们以全新的视角看待宇宙、生命和个体，让我们的人生更富有价值和意义。

本书以《时间简史》为底本，对霍金的思想进行了诠释和解读，并采用了文字、图示和表格等多种适合阅读的编辑方法，以富有亲和力的形式来阐释霍金令人敬畏的发现：时间和空间的本质何在？上帝与宇宙的起源有何关系？宇宙的过去和未来是什么样的？相信这是一本每个人都可以读得懂的天文科普书。

目 录

第一章　霍金与《时间简史》

我们能够而且应该试图去理解宇宙，在这方面已有了显著的进步。

第二章　狭义相对论

对于运动的光源和静止光源，每一位观测者测得的速度都是一样的，因此光速是恒定的。

第三章　广义相对论

为了弥补狭义相对论的不足，爱因斯坦花了10年的时间作研究，终于完成了广义相对论。

目 录

第五章　时间之矢

任何封闭系统中的无序度和熵总是随着时间的增加而增加，无序度和熵随着时间增加是时间之矢的典型例子。

第六章　时间机器

时间总是给人神秘莫测、不可思议的感觉，你是不是也想乘上时间机器亲身体验一番？

本书阅读导航

本节主标题

本节所要探讨的主题。

不同的时间之矢

宇宙论的时间之矢

但事实则是，仅凭借光拥有熵增大的法则不可能决定时间的方向，不过，这可以决定其他时间的方向。

光波的传导从来不会逆转

举例来说，光的传播看起来是从过去传向未来，绝对不会发生逆行的现象。光属于电磁波的一种，即使把波扩展到一般情况来考虑的话，仍然可以确定光就是波的一种。就波的传导方向而言，是可以区别时间的过去和未来的性质的。

假如电波也是那种波的话，通过使用它，明天的新闻今天就可以知道了。不过在现实生活中是从来没有人听过明天的新闻的，这是绝对不可能发生的。

正文

通俗易懂的文字，让你轻松阅读。

时间之矢与熵增大的方向

这种时间之矢的现象，还可以称为热力学的时间之矢。另外，在我们人类完全无法干涉的地方，也有时间之矢的存在。宇宙即使到了现在也是在继续膨胀着的，那么，如果以宇宙膨胀的方向来定义时间之矢，而且宇宙永远持续膨胀，那么这个方向是永远不会改变的。

然而，假如宇宙是封闭的，而且在某一天会突然由膨胀的状态转变为收缩的状态，那么时间之矢也就会从那一时刻开始，突然之间发生逆转了。像这种根据宇宙膨胀而决定的时间之矢，就称为宇宙论的时间之矢。

这个宇宙论的时间之矢，乍看上去可能让人们觉得似乎和周围切身体验的热力学的时间之矢没有什么太大的关系。所谓全体宇宙这类大规模的运动必然会影响我们周围所发生的事情，而且其结果是令人很难以置信和估计的。但是，这两者之间在方向上确实存在着非常紧密的联系。

132

图解标题

针对内文所探讨的重点，进行图解分析，帮助读者深入领悟。

宇宙的边界条件

玻尔兹曼为我们解释了时间只朝一个方向发展的原因，他认为，熵是从起点开始增加的。人们预计中的逆转过程是不会发生的，这是由于宇宙正处于一种不可能的状态，没有办法使它增加。

宇宙源于一个巨大的不可能发生的原始状态。

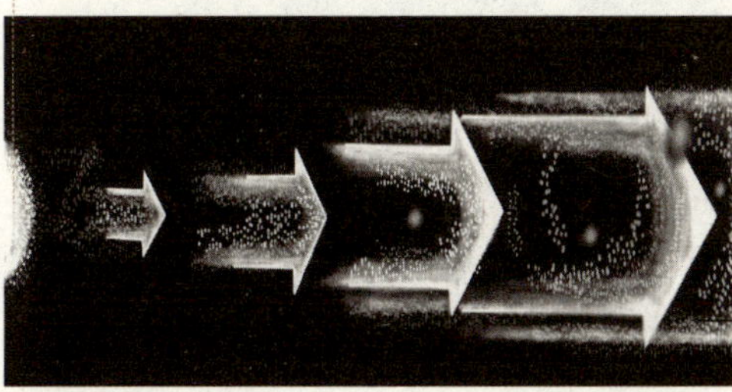

插图

对较难懂的抽象概念运用具象图画表示，让读者可以尽量理解文意。

相关链接

熵定律 表示任何一种能量在空间中分布的均匀程度。能量分布得越均匀，熵就越大。当某个系统的能量完全均匀地分布时，这个系统的熵就达到最大值。

熵增大法则 朝向几率数目较多的状态转变而使系统产生变化的。如果以宇宙膨胀的方向来定义时间之矢，而且宇宙永远持续膨胀，那么这个方向是永远不会改变的。

133

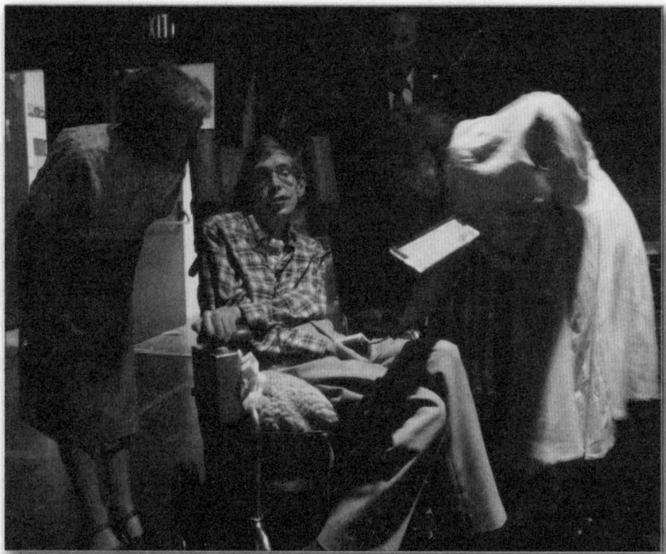

霍金对时间的探索

霍金是谁——神话？当代最杰出的物理学家？探索时间、宇宙的科学巨人？还是一位在轮椅上挑战命运的勇士？身残志坚的霍金，克服了疾患而成为国际物理界的超新星。他不能书写，而且言语表达有障碍，但他却超越了相对论、量子力学、大爆炸等理论而迈入创造宇宙的“几何之舞”——他的思想出色地遨游到广袤的时空，解开了许多宇宙之谜。

第1章

霍金与《时间简史》

我们能够而且应该试图去理解宇宙。我们在这方面已有了显著的进步，尤其是在前几年。当然，我们还未得到完整的图像，但已为期不远。

霍金

有史以来最杰出的科学家之一

史蒂芬·霍金，现任英国剑桥大学应用数学及理论物理学系教授，是20世纪以来享有国际盛誉的杰出科学家之一，也是当代最重要的广义相对论家和宇宙论家。

霍金的生平是极富有传奇性和戏剧色彩的。在科学成就上，他是有史以来最杰出的科学家之一。他同时拥有几个荣誉学位，还是皇家学会的会员。他因患卢伽雷氏症（肌萎缩性侧索硬化症），被禁锢在一张轮椅上长达40多年，但他却身残志坚，克服了残疾之患而成为国际物理界的超新星。他不能书写，而且口齿不清，但他却超越了相对论、量子力学、大爆炸等理论而迈入创造宇宙的“几何之舞”——他的思想出色地遨游到广袤的时空，解开了许多宇宙之谜。

20世纪70年代，霍金与彭罗斯一道证明了著名的奇异点定理。为此，他们共同获得了1988年的沃尔夫物理奖。他也因此被誉为继爱因斯坦之后世界上最著名的科学思想家和最杰出的理论物理学家。此外，他还证明了黑洞的面积定理，即随着时间的增加而黑洞的表面积不减的定理。1973年，他发现黑洞辐射，将引力、量子力学和热力学统一在一起。1974年以后，他将研究方向转向了量子引力领域。开创了引力热力学。1980年，他的兴趣又转向了量子宇宙学，专门研究宇宙的“无中生有”的初创理论，希望从根本上解决宇宙的第一推动问题。

物理界超新星——霍金

走近霍金

史蒂芬·霍金是当代最重要的广义相对论家和宇宙论家。目前担任剑桥大学卢卡斯数学讲座的教授。其主要专著有《黑洞、婴儿宇宙及其他》、《时间简史》、《果壳中的宇宙》、《大设计》等。

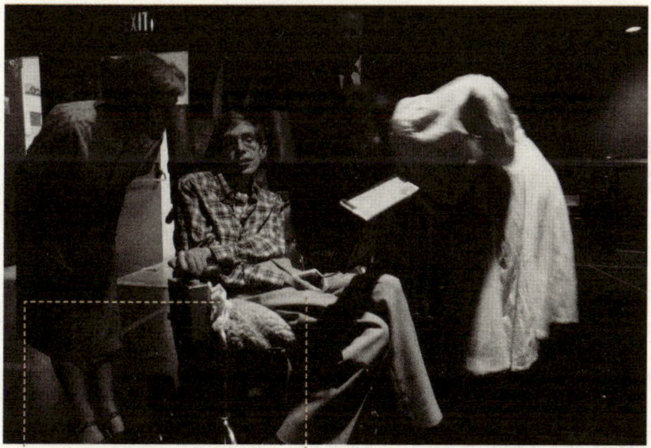

1962年，霍金被确诊患有“卢伽雷氏症”，被告之只有两年的生命。

1985年，霍金丧失语言能力，表达思想的唯一工具是一台电脑声音合成器。他仅能用几个手指操纵鼠标。

霍金生平

1942年	1月8日出生于英国的牛津。
1962年	在牛津大学完成物理学学位课程，后到剑桥大学攻读研究生。
1963年	霍金被诊断患有运动神经元疾病。
1965年	被授予博士学位。他的研究表明：用来解释黑洞崩溃的数学方程式，也可以解释从一个点开始膨胀的宇宙。
1970年	霍金开始研究黑洞的特性。他预言，来自黑洞（现在叫霍金辐射）的射线辐射及黑洞的表面积永远也不会减少。
1974年	被选为英国皇家学会会员。他继续证明：黑洞有温度，黑洞发出热辐射，以及气化导致质量减少。
1980年	任剑桥大学卢卡斯数学教授（艾萨克·牛顿曾任此职）。
1988年	出版《时间简史》，成为关于量子物理学与相对论最畅销的书。
1996年至今	继续在剑桥大学工作。

霍金的作品

从《时间简史》到《大设计》

霍金教授不仅是一位治学严谨、才华横溢的理论学者，而且还是一位卓越的现代科普作家。迄今为止，他已有多部作品问世，尤其是以《时间简史》为代表的几本科普作品更是深受人们的喜爱。

优秀的天文科普作品：《时间简史》

霍金的代表作当推1988年撰写的《时间简史》，这是一本优秀的天文科普作品。作者想象丰富，构思宏伟瑰丽，语言优美，一出版便引起了世人的极大关注。它使人们认识到：在世界之外，未来之变，是如此的神奇和美妙。这本书至今累计发行量已达2500万册，被译成近 40种语言。它是一本关于探索时间本质和宇宙最前沿的通俗读物，是一本当代有关宇宙科学思想最重要的经典著作，它改变了人类对宇宙的观念。

关于生命宇宙和时间的独到见解：《黑洞、婴儿宇宙及其他》

1993年，《黑洞、婴儿宇宙及其他》一书出版。此书是由霍金在1976—1992年间所写文章和演讲稿共13篇结集而成。书中讨论了虚时间由黑洞引起的婴儿宇宙的诞生以及科学家寻求完全统一理论的努力，并对自由意志、生活价值和死亡作出了独到的见解。

阐释着宇宙内核的万物理论：《果壳中的宇宙》

《果壳中的宇宙》是出版于2001年的霍金的又一著作，它也可以被称做是《时间简史》的姐妹篇。

在这部新作中，霍金继续向我们阐释着宇宙内核的万物理论，从超对称到超引力，从量子理论到M理论，从全息论到对偶论。书中告诉人们：我们生活的宇宙具有多重历史，每一个历史都是由微小的硬果确定；同时还预期了“我们的未来”。

宇宙的终极答案：《大设计》

2010年，霍金的新书《大设计》(The Grand Design)面世，他在书中挑战西方传统信仰观念，认为宇宙并非由上帝创造，而是在物理定律“M-理论”的作用下，引发大爆炸而形成。无边界量子宇宙学已经把造物主或上帝从宇宙创生的场景中祛除，而这新方法在某种意义上又将我们推上万物之灵的宝座。

最受欢迎的物理学作家

霍金的主要科普作品

年份	作品	简介
1988年	《时间简史》	被称做畅销书之王，1992年耗资350万英镑的同名电影问世。霍金坚信关于宇宙的起源和生命的基本理念可以不用数学来表达，世人应当可以通过电影来了解他那深奥莫测的学说。
1993年	《黑洞、婴儿宇宙及其他》	讨论了虚时间、由黑洞引起的婴儿宇宙的诞生以及科学家寻求完全统一理论的努力，并对自由意志、生活价值和死亡作出了独到的见解。
2001年	《果壳中的宇宙》	被称做是《时间简史》的姐妹篇。阐释了宇宙内核的万物理论，告诉人们：我们生活的宇宙具有多重历史，每一个历史都是由微小的硬果确定；同时还预期“我们的未来”。
2005年	《时间简史》（普及版）	作者希望读者可以更容易地接受书中包含的内容，并增加一些最新的科学观测和发现。
2010年	《大设计》	作者在书中挑战“终极理论”，再次阐述宇宙可以无中生有，自我创造。

霍金曾获奖项

- ⊙ 英国爵士荣誉称号（1989年）
- ⊙ 英国皇家学会学员和美国科学院外籍院士
- ⊙ 霍普金斯奖
- ⊙ 马克斯韦奖
- ⊙ 英国皇家学会的休斯勋章
- ⊙ 阿尔伯特·爱因斯坦奖（1978年）
- ⊙ 沃尔夫物理奖 （1988年）
- ⊙ 沃尔夫基金奖（1988年）

量子宇宙论

霍金讲述宇宙的由来

由于不同的初始状态会导致不同的演化。大爆炸奇性的状态从何而来，宇宙又从何而来——即“第一推动”的问题让众多物理学家开始了苦索答案的行程。

寻找第一推动问题的答案

20世纪80年代初，科学家们提出了所谓的暴涨宇宙模型。在大统一破缺之后，宇宙出现了一个以指数形式膨胀的阶段。但是，人们仍然没有彻底解决第一推动的问题。

霍金解决了第一推动的问题

真正解决第一推动问题的是霍金。在霍金提出的无边界条件的量子宇宙论中，宇宙的诞生源自一个欧氏空间向洛氏时空的量子转变。欧氏空间是一个四维球，在四维球转变成洛氏时空的最初阶段，时空是处于暴涨阶段。接着，膨胀减缓，我们可以用大爆炸模型来描述。在这个宇宙模型中，空间是有限却无边界的，可以说是封闭的宇宙模型。在1982年霍金提出这个理论后，几乎所有的量子宇宙学都围绕着这个模型展开研究。这是因为这个模型的理论框架对封闭宇宙的研究非常起作用。

目前的观测和推断

很多人曾经尝试将霍金的封闭宇宙的量子论推广到开放的情形，但未能成功。之后，霍金和图鲁克在他们的新论文《没有假真空的开放暴涨》中提及了这个问题。如果宇宙的重新坍缩，造成的结果将是到重新回到高温的大挤压状态。而开放宇宙的无限膨胀的前景也很难说，或许宇宙将不断地冷却下来。不过就目前来说，人们无法知晓世界末日何时来临，因为那是极其遥远的事情。

宇宙日记

宇宙的膨胀现象赋予了我们测定宇宙生命的时间尺度。最近的统计结果则是，宇宙大爆炸源于150亿年前。

我们现以另一种方式呈现宇宙150亿年的生命记录。用1天来表示4110万年，用1小时来表示171万年，用1分钟来表示28900年。

1年

12月

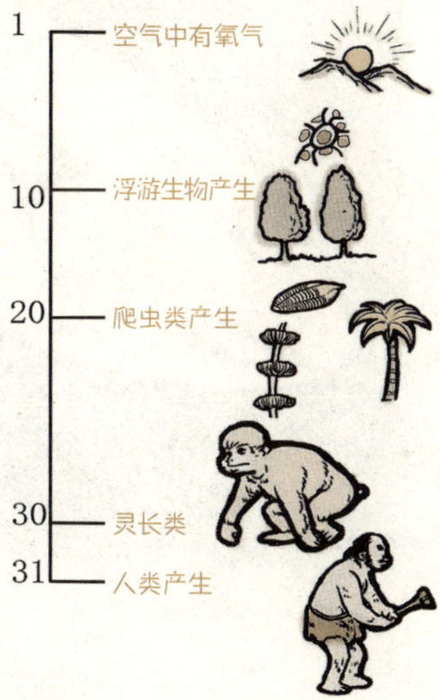

12月31日的最后1分钟

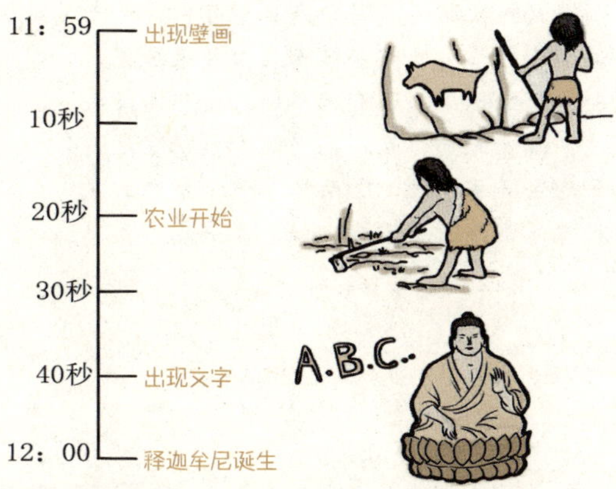

告诉你光的秘密

光如何产生？光如何在空间里传播？光如何出现？光是什么？是物质、振动、还是纯能？颜色是否为光必不可少？对于这许许多多的问题，科学已经作出了部分解释，但归根结底，这些问题尚未解答。关于光的性质，还有很多谜，直到现在也无法用科学解释。不过，20世纪初，在人们了解光、研究光的过程中，相对论和量子论带来了物理学的两场革命。为建立这两个理论体系，许多科学家都作出了重要贡献，其中最为突出的是爱因斯坦。

第2章

狭义相对论

对于运动的光源和静止光源，每一位观测者测得的速度都是一样的，因此光速是恒定的。

爱因斯坦

20世纪最伟大的物理学家

阿尔伯特·爱因斯坦（Albert Einstein，1879—1955），闻名于世的德裔美国科学家，现代物理学的伟大开创者和奠基人。

不乖的天才

1896年，爱因斯坦舍弃德国国籍来到瑞士，开始了他的研究生涯。本性所驱，爱因斯坦厌倦大学里那些循规蹈矩的课程，却把兴趣投向了那些自己感兴趣的书籍，尤其是基尔霍夫和麦克斯韦等物理学家的论文和哲学家马哈的著作。终于，爱因斯坦的所作所为引起了一位教授的愤怒。他的大学的档案里留下了不良记录。1900年8月，爱因斯坦毕业了，他目睹了同届友人们留校任教，开始对自己就业无着落的生活进行反思。谋职的压力没有击垮他，他开始酝酿一篇不可思议的论文。论文的内容是关于分子运动研究的。1908年，爱因斯坦终于找了一份在大学担任代课老师的工作。在他教书工作空当时，爱因斯坦依然写着关于分子运动的论文。

惊人的转身

爱因斯坦得以踏出新方向的第一步，完全得归功于他的友人葛罗斯曼的大力协助。在葛罗斯曼父亲的大力推荐下，爱因斯坦才终于在瑞士首都伯尔尼专利局找到一份工作。他和友人哈比希特、索罗文共同创立了名叫“奥林比亚学院”的研讨会，开始终日沉湎于物理、数学、哲学的研讨中。于是，他的那些的论文频频发表，不乏名垂青史的佳作。更令他感到欣喜的是，他还在那里觅得了最初的妻子。

最有个性的物理学家爱因斯坦

爱因斯坦对天文学最大的贡献在于他的宇宙学理论——大大推动了现代天文学的发展。

拉小提琴的爱因斯坦

爱因斯坦学习小提琴并没有通过正规的小提琴教程，而是通过练习莫扎特的奏鸣曲来完成的。他认为热爱就是最好的导师，小提琴也成为了他科学生涯中的欢乐伴侣。

建筑物的圆顶是一个天文观测室

爱因斯坦天文台

位于波茨坦，由德国建筑师孟德尔松于20世纪20年代设计。爱因斯坦的广义相对论既新奇又神秘，孟德尔松把它作为了建筑表现的主题。

下部有物理实验室。

光速
亘古不变的速度

真空中的光速，是一个物理常数，用符号c来表示，等于299792458m/s，根据爱因斯坦的相对论，没有任何物体或信息运动的速度可以超过光速。

目测光的传播速度

在爱因斯坦刚进入大学时，物理学研究提出了光速的问题。那是一项有关光速的某项实验结果。假设一个人现在正以时速100公里驾驶汽车，当他看到一辆以时速200公里行驶的列车时，他会发现什么？假如汽车是与列车同方向行驶，人对列车的目测速度是时速100公里；如果汽车与列车开往相反方向，那么人对列车的速度就是时速300公里。

然而，美国物理学家迈克尔生及莫雷1897年关于光的实验结果却和以上的目测法的结果不一致。实验结果却表明，无论是运动中或静止中，光的行进速度都是恒定的。

所以，当人们测量光速时，无论自身是运动的还是静止的，测量出的光速都是不变的。

光速的测量历史

17世纪	18世纪	19世纪	20世纪
17世纪前，人们以为光速为无限大，意大利物理学家G.伽利略曾对此提出怀疑，并试图通过实验来检验，但未获成功。	1727年，英国天文学家布拉得雷利用恒星光行差现象估算出光速值为c=303000千米/秒。	1849年，法国物理学家菲佐用旋转齿轮法首次在地面实验室中成功地进行了光速测量，结果为c=315000千米/秒。	1929年，美国物理学家麦克尔生在真空中实验，测得c=299774千米/秒。

光速实验

目测光速实验假设

假设一个人现在以时速100公里驾驶汽车，当他看到一辆以时速200公里行驶的列车时，他会发现什么？

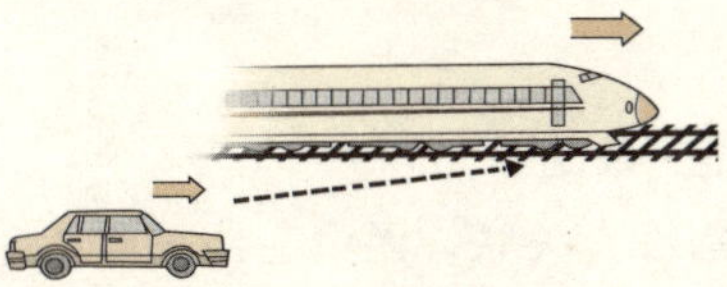

假如汽车是与列车同方向行驶，人对列车的目测速度是时速100公里。

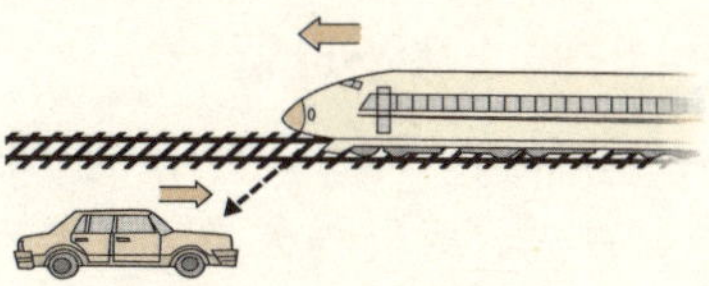

如果汽车与列车开往相反方向，那么人对列车的速度就是时速300公里。

结论

由运动光源发出的光速应当比起由静止光源发出的光速更快。如果运动中的光有相交，那么目测速度应当是两者速度之和。

对上述结论的质疑

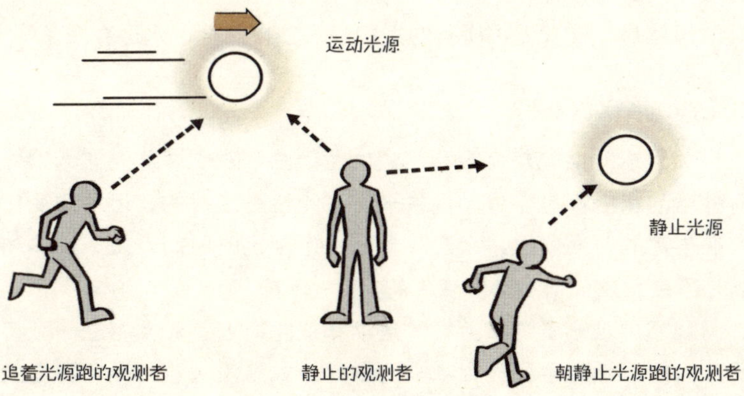

实验结论 对于运动的光源和静止光源，每一位观测者测得的速度都是一样的，因此光速是恒定的。

永恒不变

绝对时间与绝对空间

时间是对物体之间相对运动快慢的一种描述。它表示物质运动过程的持续性和顺序性，是物理学中的一个基本物理量。

时间的从不逗留

对任何人而言，时间的步伐都是一致的。

首先，时间与人类或其他物体都没有关联，无论我们采取什么样的方式来计算，时间都以同样的速度流逝。因此，不可挽留和不可停住的时间，又叫做绝对时间。

假如，现在世界上所有的钟表都消失了，那么，时间仍然继续行走吗？事实是，如果真的所有的钟表都消失了，时间仍然继续存在。可是，如果全部的原子或粒子和钟表一起消失了，又会是什么样的呢?如果连地球、太阳、银河系都全都不见了，宇宙便也消失了的话，那又会怎样呢……也许，有人认为，既然一切都消失了，那时间还有存在的必要吗?

时间就是这样，无关所有的人和事，独自前行，永远存在。

光速的绝对意义

有关光速的实验却完全和牛顿的运动法则对立。从光速无论处于何种运动状态都是一致的现象来看，光速是绝对的。运动和变化只有在一定的时间段里才会发生。在一个固定的时间点上，世界和万物是不会发生任何运动和变化的。

当我们要观察世界和万物的运动和变化时，首先要存在一个特定的时间段，然后以此作为观察的条件。如果没有这样一个特定的时间段作为观察的前提条件，那么我们就不能发现任何运动和变化的特征，或者说没有比较或参照。

时间永远是恒定的

如同散文家提出的疑问：“聪明的你告诉我，我们的日子为什么一去不复返呢？——是有人偷了它们：那是谁？又藏在何处呢？是它们自己逃走了罢：现在又到了哪里呢？”物理学家也在思考，为什么时间无论在什么样的情况下，都是恒定的。

正准备从东京飞回公司的老板，手表显示的是东京时间：10：00。

绝对时间永远不会因为私人时间而改变。

手表慢了5分钟的员工A正在赶往办公室。

习惯将手表调快10分钟的员工B正处于焦急中。

绝对空间

一直在找却没有找到的空间

绝对空间和绝对时间一样，是和所有东西都没有任何关系的自行存在的空间。然而，是否真的存在绝对空间和绝对时间呢？

寻找绝对空间

光被普遍认为是一种波。由于波本身也是一种传导的媒介物，所以，大家相信肯定另有某种可以传导光波的媒介存在。

举例来说，如果我们扔一颗石子到水里，水面立刻泛起一圈一圈的涟漪——不能称其为波，但可以表明波的存在。此时，对于波而言，水就是媒介。当时的科学家普遍认为以太（能媒）是光的媒介物，如果缺少了以太（能媒）光就无法传播。而且，依据这样的想法，可以做以下推理：以风速为例，风是源于空气的运动，所以风在吹动时，沿着同一方向前行的音速会随着风速的增加而增加，而朝反方向运动的音速则会随风速减慢而减速，同理，此类情况在光的传播过程中也会发生。

以太就像风

换句话说，以太（能媒）是光波传导的媒介，所以光速会随以太（能媒）的速度增加或减少而变化。同时，人们也认为，就算是在绝对空间里，也存在着这样一种静止状态的以太（能媒）。假如将地球置于绝对空间里，当地球运行的时候，位于地球之上的我们则会觉得以太（能媒）之风正在吹拂着，而我们在地球上测得的光速则会随着以太（能媒）风的方向而变。

相反，如果测量出的光速的结果有一定差异，我们则可以认为是地球与以太（能媒）之间有着相对运动。因此，我们可以通过这样的测量发现地球与绝对空间所进行的是什么样的运动。迈克尔生和莫雷抱着这样的想法，开始对向不同方向运动的光进行了测量。

被物理学家抛弃的以太

以太（Ether）是一个历史上的名词。在古希腊，以太指的是青天或上层大气；在宇宙学中，又用来表示占据天体空间的物质；17世纪的笛卡儿将以太引入科学，并赋予它某种力学性质。

相关链接

被抛弃的以太 在笛卡儿看来，物体之间的所有作用力都必须通过某种中间媒介物质来传递，空间不可能是空无所有的，它充满着以太这种媒介物质。19世纪80年代，麦克尔生和莫雷所做的实验第一次达到了这个精度，但得到的结果仍然是否定的，即地球相对以太不运动。此后其他的一些实验亦得到同样的结果，于是以太进一步失去了作为绝对参照系的性质。这一结果使得相对性原理得到普遍承认，并被推广到整个物理学领域。在19世纪末和20世纪初，狭义相对论确立以后，以太终于被物理学家们抛弃了。

爱因斯坦之前的解释
运动中的物体长度会缩小

如前文所述，迈克尔生及莫雷的实验结果表明，无论他们如何测量，所得到的光速都是一样的。但是，究竟该如何解释这项实验的结果呢？

光速的测量实验

地球是绕着太阳运转的，而太阳也是从2亿至3亿年前就开始绕着银河系中心附近而运转的，而银河系本身也是受到相距2亿光年邻近的安托罗美达星云吸引而运转的。这些都是众所皆知的事。更有甚者，以上所述提及的银河与安托罗美达星云为中心，其附近还聚集着10个涵盖范围较小的银河，它们也组成了一个集团；这个集团全部受到来自处女座方向的某种巨大银河集团的吸引而运动着。

如果完全不考虑它们的运动状态或运动方向，那么则可以得出地球静止不动的结论。不过，这是毫无可能的。

运动中的物体长度会缩小

在此，我们首先要做的是进行思想的转换。如果我们不能使原先既有的常识或观点发生改观，那么我们就无法了解实验的结果了。

在爱因斯坦之前，关于“运动中的物体长度会缩小”的观点，其理论基础正是以太（能媒）风的影响。他们认为，物体之所以运动，就是以太风对物体中分子产生压力的结果。由此，我们可以推断，光速也应该会发生变化。与此同时，测量光速的直尺也在发生变化，但是这些变化都是无法目测的。

这些看似明确的理论就面临着一个严峻的挑战：我们无法知晓以太（能媒）究竟为何物。因此，这些假设就只能被搁置了。

宇宙中的运动

星体运行的路径

如图所示，地球是绕着太阳运转的，而太阳也是从2亿至3亿年前就开始绕着银河系中心附近而运转的，银河系本身又是受到相距2亿光年邻近的安托罗美达星云吸引而运转的。

以银河与安托罗美达星云为中心，其附近还聚集着10个涵盖范围较小的银河，它们也组成了一个集团；这个集团全部受到来自处女座方向的某种巨大银河集团的吸引而运动着。

运动物体的长度变短了

在爱因斯坦之前，曾有科学家提出关于“运动中的物体长度会缩小”的观点。他们认为，物体之所以运动，就是以太风对物体中分子产生压力的结果。由此，我们可以推断，光速也应该会发生变化。而且，与此同时，测量光速的直尺也在发生变化。

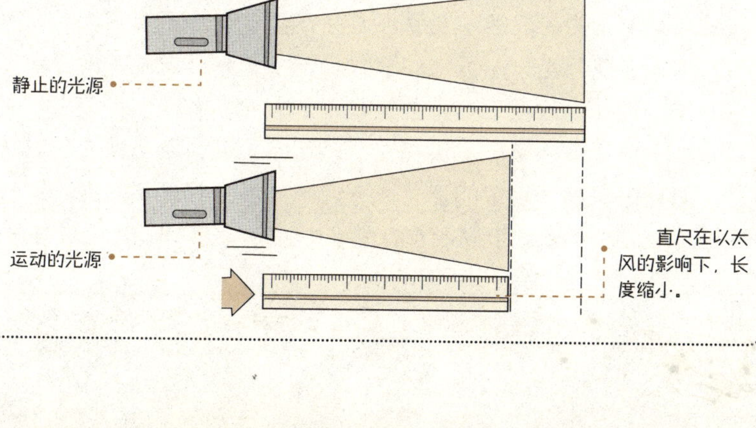

光速不变原理
爱因斯坦的破空之解

无论人们怎么测量，测量运动的光源或者在运动状态进行测量，测得的光速总是一样的。为什么呢？

爱因斯坦的破空之解

终于，在1905年，爱因斯坦颠覆过去所有的猜测和想法，提出了一种合理的解释：光速不变原理。这一原理让媒介以太（能媒）也失去了存在的必要性。

这项关于空间尺度地关系的学说是洛伦兹变换理论。因此，只有在洛伦兹变换理论基础上转变运动状态，光速才可以保持恒定。

爱因斯坦与洛伦兹不同，以观察到的事实为依据，立足于相对性原理和光速不变原理两条基本原理，着眼于修改运动、时间、空间等基本概念，重新推导出了洛伦兹变换，并赋予洛伦兹变换崭新的物理内容。在狭义相对论中，洛伦兹变换是最基本的关系式，狭义相对论中如同时性的相对性、长度收缩、时间延缓、速度变换公式、相对论多普勒效应等运动学结论和时空性质等都可以从洛伦兹变换中直接得出。

光速不变原理

光速不变原理是爱因斯坦的狭义相对论的最基本的出发点。在狭义相对论中，光速不变原理是指在任何情形下观察，光在真空中的传播速度都是一个恒定的常数，不会随光源或观察者所在参考系的相对运动而改变。这个数值是299792458米/秒。在广义相对论中，由于所谓惯性参照系不存在了，因此，爱因斯坦引入了广义相对性原理——物理定律的形式在一切参考系中都是不变的。这使得光速不变原理可以应用到所有参考系中。

爱因斯坦的解答

在1905年，爱因斯坦颠覆过去所有的猜测和想法，提出了一种合理的解释：光速度不变原理。这一原理让媒介以太（能媒）也失去了存在的必要性。

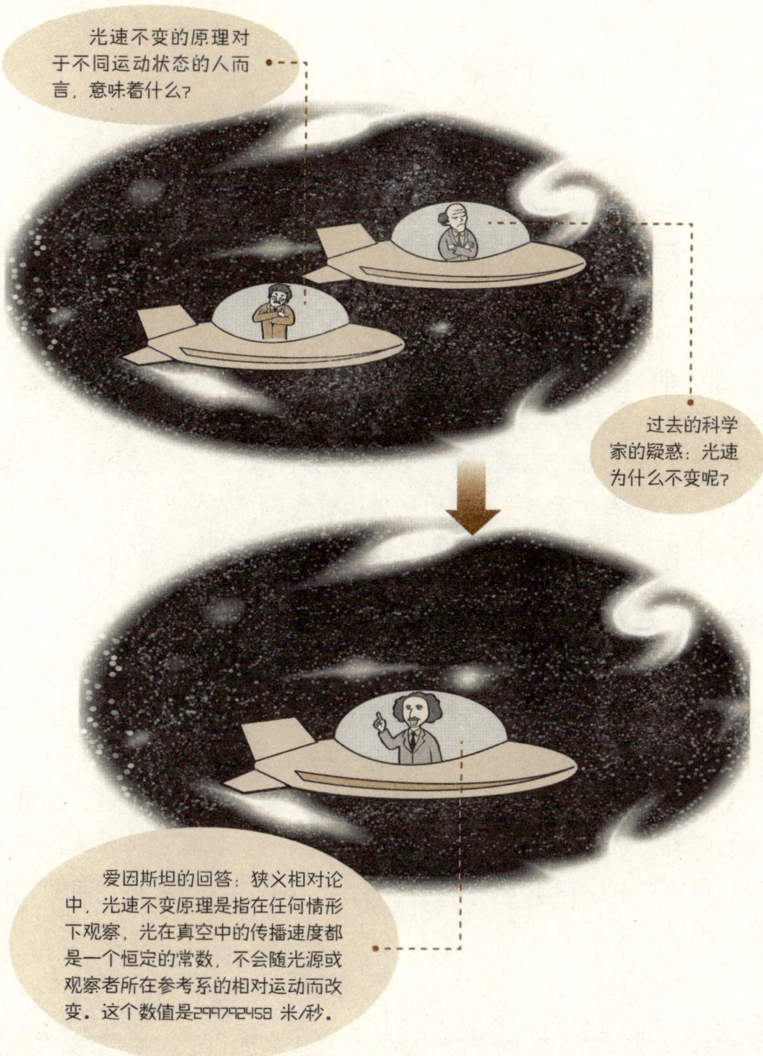

相对性原理

伽利略提出的相对论

人们常说，不同环境需要不同的生存法则，环境变了，我们的生存法则也需要改变，而有一种法则是永远不变的，那就是物理法则。

不会变化的物理法则

简单来说，相对性原理就是无论谁从什么样的角度来看待物理学，物理法则都不会发生变化。无论是在地球、月球、其他的银河系，或者任何运动状态下，它都是不变的。

首次将相对性原理以明确的形式应用于物理学的人是伽利略。关于物体运动的实验，无论是在陆地上进行还是在航船上进行，结果都是一定的。

再回到光的话题。在伽利略提出相对性原理后，爱因斯坦又将物体运动的相对性原理扩展到光的研究领域。不过扩充之后带来一个难题就是“绝对时间”和“绝对空间”的想法不再适用了。这是因为，导入新的想法后，则可以推出这样的结论：时间与空间的尺度，在运动状态下会发生变化。这就是狭义相对论。

“萨尔维蒂”大船

1632年，伽利略出版了他的名著《关于托勒密和哥白尼两大世界体系的对话》，书中彻底地回答了上述问题。他提到了一艘叫做“萨尔维蒂”的船，它的状态是静止匀速运动。

伽利略说：“把你和一些朋友关在一条大船甲板下的主舱里，你们带着几只苍蝇、蝴蝶和其他小飞虫，舱内放着一只大碗，里面有几条鱼。然后在舱顶上挂一只水瓶，让水滴逐滴滴到下面的一只宽口罐里。

“当船停着不动时，你仔细观察，小虫将以相同的速度在舱内各方向飞行，鱼也向各个方向随意地游动，水滴滴进下面的罐中，你把任何东西扔给你的朋友时，只要距离不变，向这一方向不必比向另一方向费更大的力气。

“你双脚起跳，无论向哪个方向跳，离开原地的距离都是相等的。当你仔细地观察这些情景后之后，再使船以任何速度前进，只要运动是匀速，也不忽左忽右地摆动，你将发现：所有上述现象丝毫没有变化。你也无法从其中任何一个现象来确定，船是在运动还是停着不动。无论他在船头还是船尾，只要你站在他对面，你就不需要用更大的力气。

“水滴将像先前一样，滴进下面的罐子里，一滴也不会滴在船的尾部。虽然水滴在空中时，船已行驶了一段距离，但水中的鱼游向水碗前部并不需要用比游向水碗后部花费更大的力气，它们一如既往地悠游于水碗边缘的任何地方并吞吃鱼饵。

“最后，蝴蝶和苍蝇也继续随意地四处飞行，它们也绝不会集中在船尾，这不是因为它们可能长时间停留在空中，脱离了船的运动，而为了跟上船的运动而显示出疲惫的样子。”

“萨尔维蒂”大船道出了一条极为重要的真理：就船中发生的任何一种现象而言，你无法判断船处于什么样的运动状态。这个论断就是我们所说的伽利略相对性原理，而“萨尔维蒂”的大船就是一种惯性参考系。所以说，以不同的速度匀速运动而且又不忽左忽右摆动的船都是惯性参考系。在一个惯性系中能看到的现象，在另一个惯性参考系中必定也能毫无差别地呈现。

“萨尔维蒂”大船实验

究竟船是动的还是静止的呢

首次将相对性原理以明确的形式应用于物理学的人是伽利略。人们在观察物体运动的时候会思考一个问题：究竟船是动的还是静止的呢？对这些问题的思考就是相对性原理被发现的原因。

结论

关于物体运动的实验，无论是在陆地上进行还是在航船上进行，结果都是一样的。

碗里的鱼游向水碗前部并不需要用比游向水碗后部更大的力气，一如既往地悠游于水碗边缘的任何地方并吞吃鱼饵。

蝴蝶和苍蝇也继续随意地四处飞行，它们也绝不会集中在船尾。

“萨尔维蒂”大船阐述的真理

1632年，伽利略出版了他的名著《关于托勒密和哥白尼两大世界体系的对话》，书中回答当时人们关于地动说和地静说的争论。他提到了一艘叫做“萨尔维蒂”的船，它的状态是静止匀速运动。

双脚起跳的人，无论向哪个方向跳，离开原地的距离都是相等的。

如果有人把什么东西扔给同伴，无论他在船头还是船尾，只要同伴站在他对面，他就不需要用更大的力气。

水滴将像先前一样，滴进下面的罐子里，一滴也不会滴在船的尾部。

实验结论 “萨尔维蒂”大船道出了一条重要的真理：就船中发生的任何一种现象而言，人们无法判断船处于什么样的运动状态，即我们所说的伽利略相对性原理。“萨尔维蒂”的大船就是一种惯性参考系。

四维

时间与空间的集合

绝对时间或绝对空间并不存在，那么是否意味着每人都拥有各自不同的时间和空间呢?

四维是什么

怎样才能让各不相同的时间与空间合在一起来表达？四维的概念让上述设想成为了可能。最先想到四维空间的人是明可夫斯基，他认为时间和空间并非独立存在，因此他创造出一个可以称为四维的数学上的空间。在这个四维空间里，正发生着许许多多的事情。每件事情都可以用四维空间中的一点来表示，即事象。举例来说，如果你在某年某月某日到某地去做某件事，那么这件事就可以用四维空间里的一个点来表示，而这件事情发生的时间和地点就是事象对应的时间点和空间点。

将不同的事象分成时刻和位置的是填入坐标。必须注意的是：坐标的填法会根据人们不同的运动状态而有所差异。

基于某人的立场，将坐标填入其中，标示如下图。首先，决定适当的时刻归零及空间原点，然后由那人持有准确的钟表和尺子来测量时刻与原点相距的距离。因为此钟表和尺子会随着运动中的人而有不同。因此，同样的事象也会有不同的时刻和位置。在不同运动状态下关于各种钟表和尺子的不同变化暂时不做详细介绍。

最初，爱因斯坦只觉得明可夫斯基的想法不过是数学上的改写，似乎并不十分在意。直到后来他创造广义相对论，领悟四维空间的想法时，才发现明可夫斯基的想法非常基础和重要。

四维空间

每个人自己的时空坐标系

在每个人自己的时空坐标系中，发生在自己身上的每件事情都可以用四维空间中的一点来表示，这就是事象。

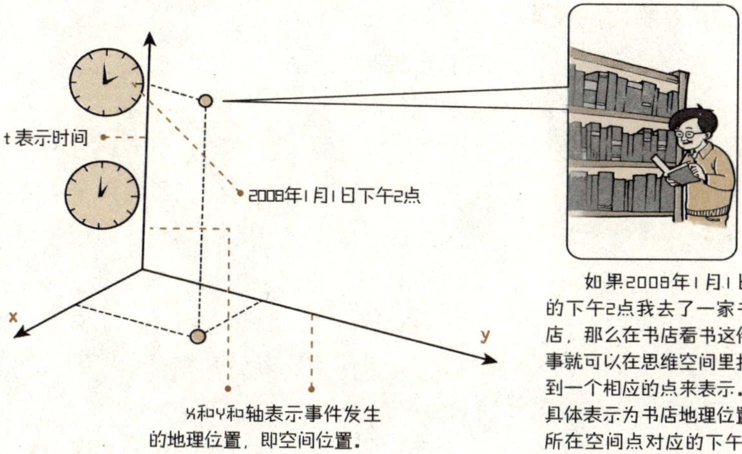

如果2008年1月1日的下午2点我去了一家书店，那么在书店看书这件事就可以在思维空间里找到一个相应的点来表示。具体表示为书店地理位置所在空间点对应的下午2点那个时间点的一个点。

便笺纸上的小人

如果我们在一本便笺纸每一页的不同位置上都画了不一样的小人，那么我们在迅速翻动这本便笺纸时就会看到连续在动的小人。

时空坐标系就像是一摞便笺纸，一系列不同时间（不同页）和不同空间（每一页上的位置）点（小人）是它的组成部分。

何谓同时

同时也是相对的

令人费解的是，空间上分离的两点发生的两个事件，在一个人看来是同时发生的，另一人看来则未必是同时发生的。这是为什么呢？

宇宙船内的实验

假定：一艘以一半光速做直线运动的宇宙船，正经过地球的旁边，此时在那艘宇宙船内进行下列实验。

在宇宙船内朝向与行进方向相同的墙壁和朝向与行进方向相反的墙壁上都装上镜子，镜子在墙上的高度相同。在两面镜子之间距离的中心设有发出光信号的装置，它将向方向相反的两面镜子放出光线。

对宇宙船内的人而言，不论光朝哪一个方向发射，速度都是相同的，所以信号会同时到达两边的镜子。不知道从地球上的人的角度看到这项实验会是怎样的情形？

对地球上的人而言，光速和宇宙船内的人所测得的速度应是相同的。然而，和宇宙船行进方向相同方向的光，抵达前面墙壁上镜子的运行距离会增加宇宙船本身往前行进的距离，是全部的行走距离。相对地，光抵达后面墙壁上的镜子的行走距离，会因为镜子本身逐渐靠近而愈来愈短。因此，看起来似乎应该是光先到达后面的镜子，然后才到达前面的镜子。

所以，就宇宙船内的人而言，光是同时到达两边的镜子的，但就地球上的人而言，他们看到的光并非同时到达两边的镜子。这样一来就可以明白了那句话的含义了，同时与否，取决于观测者的运动状态。

宇宙船里的镜子反光实验

这是以一半光速做直线运动的宇宙船，正经过地球的旁边。

在宇宙船内朝向相反的墙壁的同一高度的位置各装一面镜子，镜子在墙上的位置相同。

在两面镜子之间距离的中心设有发出光信号的装置，向方向相反的两面镜子放出光线。

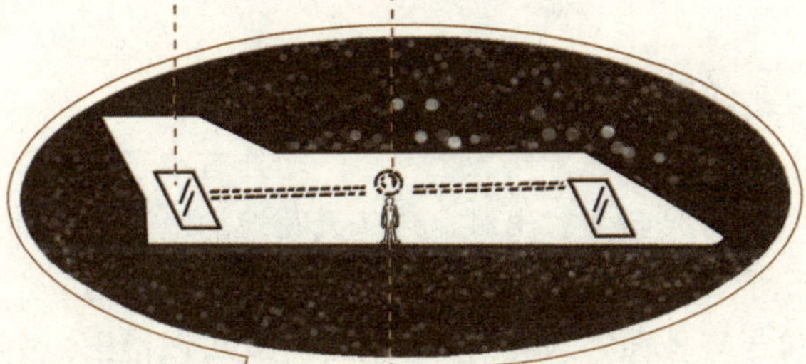

对宇宙船内的人而言，不论光朝哪一个方向发射，速度都是相同的，信号会同时到达两边的镜子。

对地球上的人而言，和宇宙船行进方向相同的光，抵达前面墙壁上镜子的运行距离会增加宇宙船本身往前行进的距离，是全部的行走距离。相对地，光抵达后面墙壁上的镜子的行走距离，会因为镜子本身逐渐靠近而愈来愈短。光先到达后面的镜子，后到达前面的镜子。

实验结论 就宇宙船内的人而言，光是同时到达两边的镜子的，但就地球上的人而言，他们看到的光并非同时到达两边的镜子。因此，同时与否，取决于观测者的运动状态。

钟表变慢

光速恒定带来的奇特现象之一

接下来要说的是，就算两只相同的手表，也会由于钟表本身运动状态的不同而使得显示的时间不同。研究结果则表明：运动中的钟表会变慢。

光的钟表实验

首先，在天花板上吊上一个挂有镜子的箱子。在地板上放置光源。当光向上射出时，会从天花板的镜子反射回地板。钟表的用途在于，将光由地板射出并返回地板时间定为一个单位时间。如果用镜子离地面的高度来除以光速，就可以得出光由地板到达天花板所需时间；如果将所得的时间乘以2的话，就可以知道光往返所需的时间。

现在，假设这个箱子正以一定的速度做匀速直线运动。箱子里面的人是否会看见这样的情形：光先由地板垂直朝上运动，到达天花板后又被反射垂直朝下运动，并到达地板？同样的情形，如果由房间里静止不动的人来看，又会是什么样的呢？

实验结论

总的来说，较之箱内人所见到的，箱子外面的人看到的情形是，光似乎走了更长的距离。因此，房间里的人所测得光的往返时间，是用那人所见的光所移动的距离除以光速得到的。由于光速不论在谁看来都是相同的，因此可以得知房间里的人所测得光的往返时间，会比箱子里的人测得的时间更长。正因为如此，运动中的钟表由静止的人来看，会发现比起自己的钟表长了1个单位的时间。

运动中钟表的实验

我们将测定光行走时间的计时器分别置于静止的容器和运动的容器中，然后开始测量光线从容器底到天花板的往返时间。

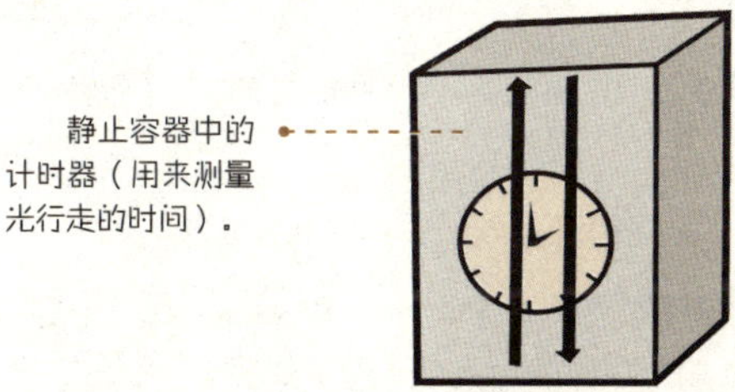

静止的箱子

假设测试者在失重静止的箱子里测量光速，那么用箱子的高度来除以光速就可以得出光由地板到达天花板再返回地板所需之时间；如果将所花的时间翻一倍的话，即可以知道光往返所需的时间。

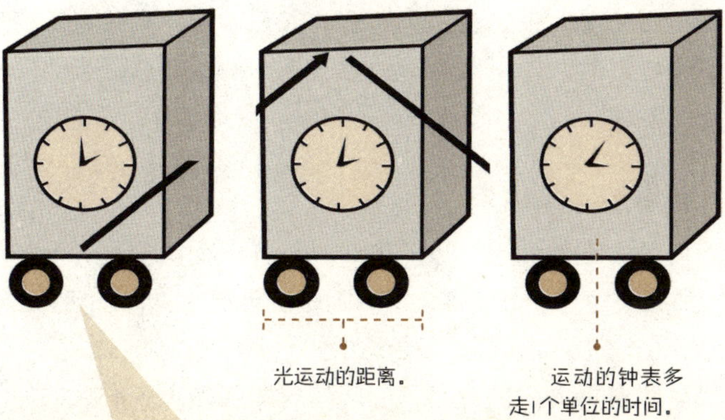

运协的箱子

现在这个箱子正以一定的速度做匀速直线运动。箱内的人所看到的光线的直射和反射和箱子静止时的情形基本一样，但箱外的人会看到不同的情况。箱外的人看到的是光线的运行路径先倾斜地上升，经天花板上的镜子反射后，再倾斜地下降，箱外人看见的光线要比箱内人看到的光线多走一段距离。

实验结论 光速是恒定的，但是箱外的人所测出的光往返的时间会比箱子里的人测得的时间更长。正因为如此，运动中的钟表由静止的人来看，会发现比起自己的钟表多走了1个单位的时间。

测定值会缩小

光速恒定带来的奇特现象之二

现在要思考的问题是，在光速恒定的前提下，测得的运动状态下的物体的长度是否也会有所变化呢？

箱子过隧道的实验

为了解决这个问题，我们借用前文那个测量运动中钟表会变慢的箱子来进行实验。

此时的实验是这样的：假设箱子会通过一定的路线，我们在这段路线上放置着一个隧道（屏障物）；接着，我们设想箱子穿过隧道需要花费的时间。由前文的那个实验我们可以知晓，从箱外来看的话，运动中的箱子里面的钟表时间会走得更慢。

现在进行一项假设，在箱子外面的人正拿着一只钟表来测量箱子穿过隧道的时间，如果他测得的时间是10秒，那么箱子里面的钟表却只走了5秒而已。

令人费解的实验结果

由箱内的人来看的话，运动中的隧道长度会比静止时测得的长度更短。如果将隧道移开的话，所有的东西包括尺子，一旦发生了运动，其运动方向的长度看起来都会缩小。

把运动状态下的人的时间和空间的尺度与静止中的人的时间和空间之尺度相比较的话，可以发现二者的显著不同。而造成这变化的原因在于不论处于何种运动状态下的人来测量，所得之光速都是完全相同的。

至于变化的程度，则取决于速度的大小。如此一来，运动速度越快，时间走得越慢，而寿命则可以延长。然而，就实际问题而言，由于光是以每秒30万公里的惊人速度行驶，但它并不曾对我们的人生有多大影响。

箱子过遂道的实验

由前文的实验我们可以知晓箱子里面的钟表时间会比箱子外面的钟表时间走得更慢。为什么箱子以同样的速度过隧道，箱子里外的人却测出不同的时间呢？

把实验情景看做箱子朝隧道运动

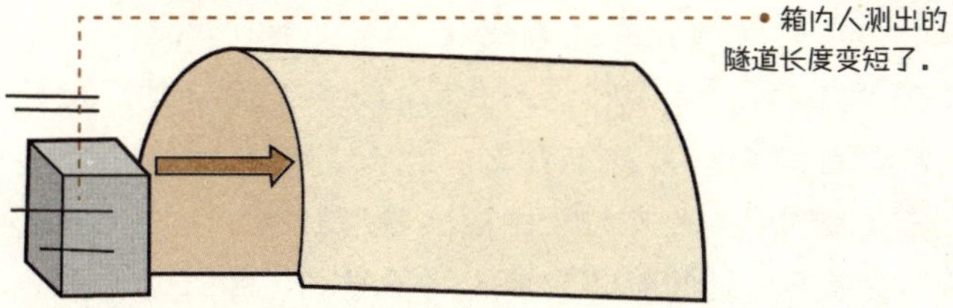

把实验情景看做隧道朝箱子运动

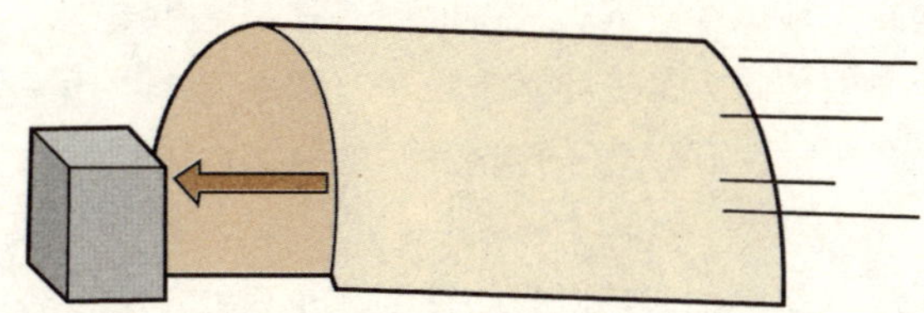

分析

物体运动方向的长度会变短 我们先假设，箱子外面的人测得箱子穿过隧道的时间是10秒，而箱子里面人测得的时间为5秒而已。对于箱内的人来说，箱子在发生运动时，隧道的长度会比静止时测得的长度更短，即所有的东西在发生运动时，其与运动方向上的长度看起来都会缩小。

实验结论 理论上人可以长生不老。运动状态下的人的时间和空间的尺度与静止中的人的时间和空间之尺度是显著不同的，造成这变化的原因就在于光速的恒定。运动速度越快，时间走得越慢，而人的寿命则可以延长。不过任何速度与每秒30万千米的光速相比，都是可以忽略不计的。

验证时间变慢

穿过大气层的中微子流

运动中的钟表会变慢这一结论，是否会让你觉得这与我们的现实生活格格不入呢？我们现在以自然界存在的现象来说明这个观点。

狭义相对论与生活常识

对于运动中的钟表时间会变慢这一现象，我想，一定有许多人明白了它的道理，却觉得这与我们的日常生活中的现象并不符合吧！狭义相对论的预言，乍看之下让人觉得与我们的常识相差甚远，但是它的的确确是通过了层层实验考验的。现在，我就来举一个自然界实际发生过的时间变慢的例子吧！

在宇宙空间里，存在着多种多样的种类相同的称为宇宙射线的原子核，它们在宇宙中盘旋飞翔着。

其中那些冲向地球并进入大气层的原子核，在和大气层中的原子相撞后，会产生名叫中微子的基本粒子。如果这个中微子处于静止状态的话，会在一百万分之一秒这么短的时间内毁坏，并变成其他的粒子。

假如时间没有变慢，即使以光的速度，也只能走数百公尺，是绝对无法走完这么长的距离的。

按照这样的推断，在数十公里高的上层所产生的中微子，是来不及及时到达地面的。然而，中微子的存在是在我们地面上测得的。这是因为中微子以接近光速的速度运动着，因此就我们在地面上的观测结果来说，它的寿命是大大地延长了。

冲进大气层的宇宙线原子核

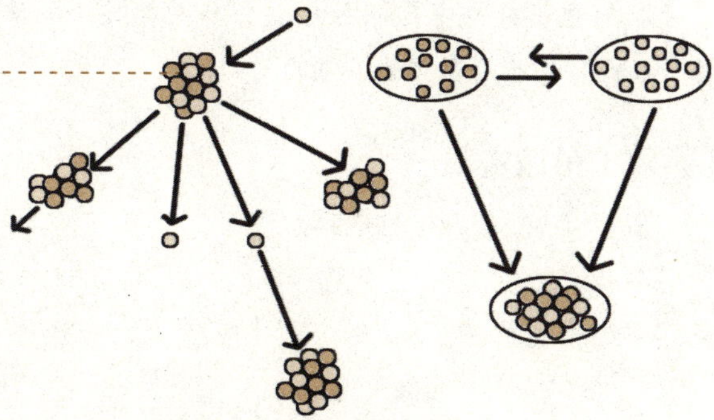

冲向地球并进入大气层的原子核在和大气层中的原子相撞后，会产生名叫中微子的基本粒子。

宇宙中存在着多种多样的宇宙线的原子核，它们在宇宙中盘旋飞翔着。如果中微子处于静止状态的话，会在一百万分之一秒这么短的时间内毁坏，并变成其他的粒子。

结论

推断：假如时间没有变慢，即使以光的速度，中微子流在进入大气层后也只能走数百米，绝对不会到达地面。因此，我们可以根据地面上存在中微子推测，中微子以接近光速的速度运动着，所以它的寿命是大大延长了——时间变慢了。

再度相逢时谁更年轻
双子吊诡之谜

我们把相对论中有一些看上去令人费解的现象称为吊诡或反论。现在，我们就来思考双子吊诡的问题。

双子吊诡实验

双子吊诡（反论）又称为双子佯谬。（在下文关于时光机器的介绍中我们还会提及这个例子。）为了让讲述更为浪漫，这一次，我们不说孪生兄弟，而从一对同年的恋人说起。

公元2500年，男孩搭乘了太空船前往距离太阳四光年的一个恒星探险。女孩则留在地球，等待恋人的归来。四光年指的是光走四年才能到达的距离。男孩到达目标恒星后，就立刻转向直接返回地球。

假定他所搭乘的太空船的速度为光速度的80%，他去目标恒星需要5年，返回也需要5年，往返总共耗时10年。如果他是20岁时去往恒星的话，那么在女孩30岁时男孩才会回来。不过，当男孩回来时，男孩却只度过了6年的时间，是26岁。而在地球上等他归来的女孩，却已经30岁了。

我们再进行假设，如果太空船的速度逐渐接近光速度的话，那么男孩的时间会逐渐地大幅减慢，也就是说，如果男孩的太空船以光速的99%来飞行的话，他往返只要花了1年左右的时间。

这一切说起来可真诡异！

以男孩搭乘的太空船为参照物，地球才是那个正在运动的物体。按照这样的推理，运动中的钟表的时间会变慢，衰老更慢的应该是留在地球上的女孩吧?如果真是这样的话，男孩返回地球的时候，上了年纪的就应该是他自己，而不是女孩。

究竟哪一种分析才是正确的呢?会不会是狭义相对论出了差错呢?

再见面时谁更年轻

公元2500年，男孩搭乘了太空船前往距离太阳四光年的一个恒星探险。女孩则留在地球，等待恋人的归来。男孩到达目标恒星后，就立刻转向直接返回地球。根据运动使时间变慢的原理，当他们再度重逢时，年纪将不再相同，但是，究竟谁更年轻呢？

分析一

假定男孩搭乘的太空船的速度为光速度的80%，他去目标恒星需要5年，返回也需要5年，往返总共耗时10年。如果他是20岁时去往恒星的话，那么女孩30岁时男孩才会回来。不过，当男孩回来时，男孩却只度过了6年的时间，地球上的女孩却30岁了。

分析二

如果男孩的太空船以光速的99%来飞行的话，他往返只要花1年左右的时间。以太空船为参照物，地球才是那个正在运动的物体。按照这样的推理，运动中的钟表的时间会变慢，衰老更慢的应该是留在地球上的女孩，那么男孩返回地球来的时候，上了年纪的就应该是他自己，而不是女孩。

相关链接

吊诡的释疑 吊诡有两种含义：bizarre和paradox。bizarre是稀奇古怪、不同寻常、离奇、奇特、不可思议、荒诞不经的意思；paradox有似非而是、反论、悖论的含义。

男孩更年轻

双子吊诡的解答

对于双子吊诡的问题居然得出了两种截然相反的分析，会不会是狭义相对论出了问题？

前阶段的运动状态是相同的

如果说当时他没有转向而持续飞行的话，由于运动是相对的，所以相对于对搭乘太空船的他而言，正在运转中的地球对他没有任何妨碍或冲突。因此，对男孩而言，留在地球上的女方的钟表，会比他自己的钟表走得更慢一些。虽然男孩或女孩都坚持认为自己的表走得更慢，但是由于双方的运动状态是完全同等的，所以他们的观点并没有什么矛盾之处。

后阶段的运动状态是不同的

然而，若是男孩到达恒星后又转向回来时，故事可就不一样了！

从此时起，双方的运动状态就不是同等的了。

暂且不考虑太空船出发时和抵达时加速或减速的那些时间，假设男孩在转向之前和转向之后，都以一定的速度进行直线运动的话，那么在进行直线运动的那段时间里双方的运动状态可以说是完全相同的。而且，当太空船转向时，首先得减速，直到速度为零，再转向返回地球。

这时，太空船经历的运动状态是减速、速度为零和加速，在它的运动状态发生变化的时间里，对于处于相对静止状态下的地球而言，太空船是运动的。总而言之，由于太空船处于运动状态下，所以它的时间才会减慢。这也是导致二人年龄出现差异的根本原因。

男孩更年轻的原因分析

现在来分析一下太空船运动状态改变的过程。

阶段一：双方的运动状态相同

当他向恒星持续飞行时，由于运动是相对的，所以运转中的地球和太空船的运动状态是完全相同的。

结论

对男孩而言，地球上的女孩的钟表比他自己的钟表走得更慢一些；同时，对于女孩而言，运动中的男孩的钟表会比她自己的手表走得更慢一些，所以在持续向恒星飞行的这段时间里他们的状态是相同的，而两人的钟表的运行时间也是相同的，两人的年纪变化也是相同的。

阶段二：双方的运动状态改变

当男孩到达恒星后转向时，太空船需要经过将速度减为零，再转向返回地球，即经历减速、速度为零、加速的运动状态。在它的运动状态发生变化的时间里，对于处于相对静止状态下的地球而言，太空船是运动的。

结论

因此，处于运动状态的太空船的时间才会减慢，所以，再度相逢时，男孩更年轻。

水桶实验

牛顿寻找的绝对空间

为了证明绝对空间的存在，牛顿开始了绝对空间的寻找之旅。顶着众人的反对意见，牛顿坚持用实验来验证自己的理论。

答案是水桶

答案正是水桶。首先，准备好一只装了水的水桶。接着，用绳子绑住水桶的把手，然后将水桶吊在一棵树的树枝上。接着，使水桶旋转。由于离心力的作用，水面便会逐渐下降。

牛顿认为，这就是由于水桶相对于绝对空间旋转而引发的结果。简而言之，物体一旦进行旋转运动或加速运动，就会出现和离心力一样的能见力；因为能见力是相对于绝对空间而进行运动的。

反对意见

针对以上的言论，反对牛顿的人士提出了以下的反对意见。水桶的旋转与否与绝对空间的存在并没有直接关联。暂且不提及水桶，就宇宙本身的旋转而言，也是符合同样道理的。简单来说就是，运动也好、空间也好，都不具有相对的含义。广义相对论否定了绝对空间的存在，即使没有所谓的物质存在，时空也是依然存在的。所以说，两种说法都是错误的。

相关链接

马赫对牛顿“水桶实验”的批判 对牛顿的绝对空间的第一个建设性批评来自奥地利的物理学家和哲学家马赫。在马赫看来，牛顿水桶实验中水面下凹的现象并不能区分究竟是水相对绝对空间的转动，还是水相对于众星体的转动。因此，不能由此得出存在绝对空间的结论。相反的，把水面下凹的现象看做是水相对于众星体转动、被水桶内壁以外的物质吸引和带动造成的要更恰当。

牛顿的绝对时空观

牛顿在力学定律（包括惯性定律）里没有明确指明，所谓“静止”、“匀速直线运动”和“运动状态的改变”是对什么参考物体而言。为弥补自己理论中这一薄弱环节，他引入了一个客观标准——绝对空间，用以判断各物体是处于静止、匀速运动，还是加速运动状态，如水桶实验所表明的。将一个盛水的桶挂在有条扭得很紧的绳子上，然后放手，如图所示：

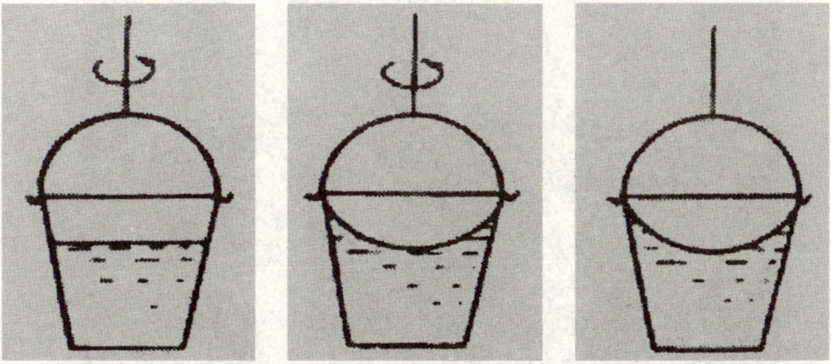

阶段一：开始时，桶旋转得很快，水几乎静止．在黏滞力经过足够的时间使它旋转起来之前，水面是平的。

阶段二：水和桶一起旋转，水面变成凹的抛物面。

阶段三：突然使桶停止旋转，桶内的水还在旋转，水面保持凹的抛物面。

牛顿的分析

牛顿的分析：在第一和第三阶段，水和桶都有相对运动，前者水面是平的，后者水面凹下；在第二、第三阶段里，无论水和桶有无相对运动，水面都是凹下的。

实验结论　桶和水的相对运动不是水面凹下的原因，根本原因是水在空间里绝对运动的加速度。

我们可以去未来旅行吗？1908年，爱因斯坦又提出了广义相对论，这个理论对狭义相对论进行扩展，其中包含了重力对时间产生的多种效应。其中最震撼人心的理论是，重力会使时间放慢！我们的计算结果为，地球的重力每300年可以让钟表慢1微秒！所以，如果我们乘坐飞船到达一颗质量比地球更大的星体，那么我们就可以去未来旅行了！

第3章

广义相对论

为了弥补狭义相对论的不足，爱因斯坦花了10年的时间作研究，终于完成了广义相对论。

改写重力法则

爱因斯坦提出广义相对论

爱因斯坦为了补充说明相对性原理，因而创造了狭义相对论，但事实上并不完全是这样。

广义相对论的提出

相对性原理的观点认为，对所有人来说，物理法则都是相同的。而狭义相对论则不同，它只适用于正在以一定的速度进行直线运动的人，对于其他的情况都不适用。对于加速运动而言，必须想出适用于相对性原理的方法。有关狭义相对论，仍有其他一些不足的地方。例如，它没有将物理法则中最基本的重力法则囊括在内。

牛顿将重力法则定义为绝对时间和绝对空间的基础。牛顿认为，在绝对空间内相离的两点之间，重力会在一瞬间即在绝对时间内的同一时刻，相互吸引。这就是重力法则的前提。正因为如此，对否定绝对时间和绝对空间的爱因斯坦来说，没有什么比重新改写重力法则更为重要了。为了克服这些难点，爱因斯坦一共花了10年时间，终于促成了广义相对论。

我们可以去未来旅行吗

爱因斯坦的广义相对论对狭义相对论进行了扩展，其中包含了重力对时光产生的多种效应。其中令人惊讶的结论是，重力会使时间放慢！例如，地球的重力每300年可以让钟表慢1微秒。例如，太空中存在着一些密度和质量非常大的中子星，这种重力作用引起明显的时间扭曲：中子星上的7年相当于地球上的10年。因此，只要让我们的飞船到达这样一颗中子星上就可以迈向未来了。

狭义相对论世界和广义相对论世界

相对性原理的观点认为，物理法则适用于一切事物，但狭义相对论只适用于正在以一定的速度进行直线运动的人，而对于其他类型的速度有变化的运动并不适用，而且，狭义相对论没有包含重力法则。为了克服这些弱点，爱因斯坦提出了广义相对论。

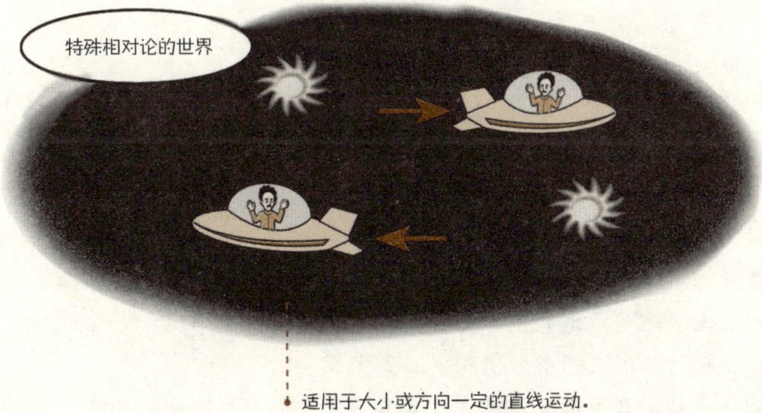

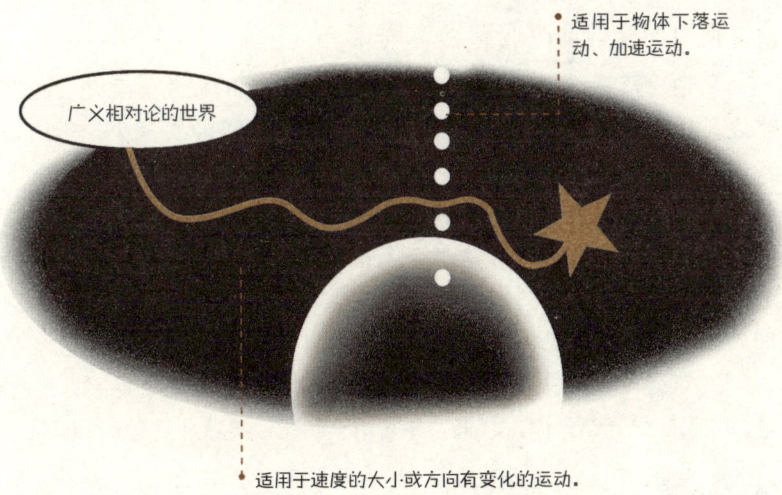

加速度与重力

爱因斯坦将两个问题合二为一

长久以来，爱因斯坦一直被加速度运动和重力这两个难题困惑，而在某一天，他终于想通了。

电梯里的实验

首先，请想象一下电梯里正站着一个人。那个人手中正拿着一只苹果。当他的手松开时，苹果会自然下落，这是由于苹果受到重力的影响。接着，如果我们将吊着电梯的缆绳切断，那么电梯本身也将处于自由下落的状态。此时如果松开拿苹果的手，又会发生什么样的情况呢?当苹果离开手之前，它正和电梯及里面的人一起下落，所以即使手松开了，苹果的运动状态也不会有所改变。再看拿苹果的人，他的手刚松开时，苹果看起来似乎应该悬在半空中，换句话说，就是此时影响苹果的重力看起来似乎是消失了。而与此同时，影响那个人的重力也似乎消失了。

因此，在下落的电梯里，重力看起来似乎是消失了的。

利用加速运动改变重力

所谓下落运动，指的是下落速度逐渐增大的加速度运动。总而言之，就是只要对加速运动加以利用，就可以使重力消失。反之，我们可以利用加速度运动而创造出重力。

因此，就像我们都曾体验过的，当电梯急速地上升时，我们会感觉到身体似乎变重了，这是因为电梯急速上升使我们的双脚紧紧贴住地板而造成的。这就是通过改变速度增强重力的效果。这种由加速运动产生的能见力对我们了解重力有很大帮助。

换句话说，解决加速运动的问题也成了解决重力的问题了。于是，爱因斯坦恍然大悟，原来这并非两个问题，实际上只有一个问题。

电梯里的实验情景

电梯里的人手中正拿着一只苹果，他的手松开时，苹果会自然下落，这是由于苹果受到重力的作用。

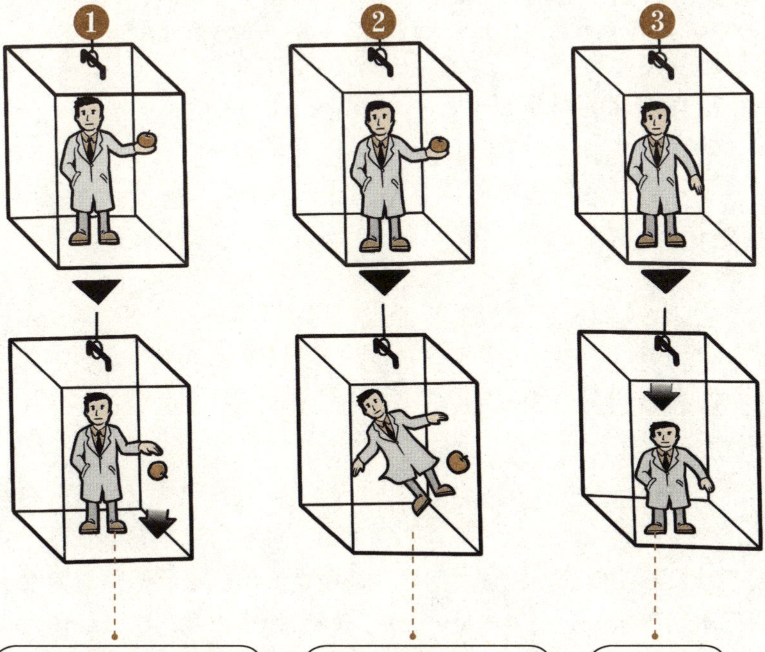

如果我们将吊着电梯的缆绳切断，那么电梯也将处于自由下落的状态。此时如果松开拿苹果的手，苹果会和电梯还有里面的人一起下落，看上去像悬在空中，所以手松开不会对苹果的运动状态有所影响。

再看拿苹果的人，他的手刚松开时，苹果看起来似乎应该悬在半空中，换句话说，就是此时影响苹果的重力看起来似乎是消失了。而与此同时，影响那个人的重力也似乎消失了。

当电梯加速上升时，里面的人会感到电梯底面对脚底的压力，仿佛身体变重了。

实验结论 爱因斯坦的发现：通过改变物体的加速度，就可以加以利用使重力消失。同理，人们还可以利用加速度运动而创造出重力。因此，就像我们都曾体验过的，当电梯急速地上升时，我们会感觉到身体似乎变重了，这是因为电梯急速上升使我们的双脚紧紧贴住地板而造成的。这就是通过改变速度增强重力的效果。这种由加速运动产生的能见力对我们了解重力有很大帮助。

望远镜

伽利略的伟大发明

在下文中我们将更详细地介绍爱因斯坦使用电梯所做的实验，现在，我们把目光转向另一位伟大的物理学家——伽利略。

富有信念的科学家

说起伽利略，不能不提他那段著名的插曲。

据说，伽利略曾经受到宗教势力的裁决而不得不放弃他个人自创的理论——地动说；尽管如此，他却始终坚持着自己的观点："无论如何，地球的确是在运转着的。"从此，他就被公认为"富有信念的科学家"。

伽利略的另一面

然而，伽利略也有他另外的一面。

他听说荷兰有这样一种装备，通过它可以看到放大的远方的景色。于是，他凭借一己之力立刻就做出一件和传说中完全一样的装置了。接着，他又将这项发明作为战争的工具，近乎强行地卖给了威尼斯议会，结果一举两得：不仅获得柏德堡大学的永久任职，年薪还翻了两倍！

伽利略似乎是要告诉我们：光凭借人格高洁，是很难生存下去的。这条道理在伽利略的时代很适用，现在似乎还是。

望远镜的发明者尚存争议

不过，关于望远镜究竟是谁发明的还没有定论，据说不只在荷兰，早在公元1504年左右英国就已经有望远镜了。而且，据说荷兰人发明的时间是公元1608年，而英国人比荷兰人还早68年。不过确切的情形仍然不得而知。

伽俐略式望远镜

这就是伽利略式望远镜。

伽利略望远镜的放大率等于物镜焦距与目镜焦距的比值，优点在于短镜却能成正像，缺点是视野比较小。把两个放大倍数不高的伽利略望远镜并列在一起，中间用一个螺栓钮可以同时调节其清晰程度的装置称为“观剧镜”，就是那种携带方便，可以观看表演的望远镜。

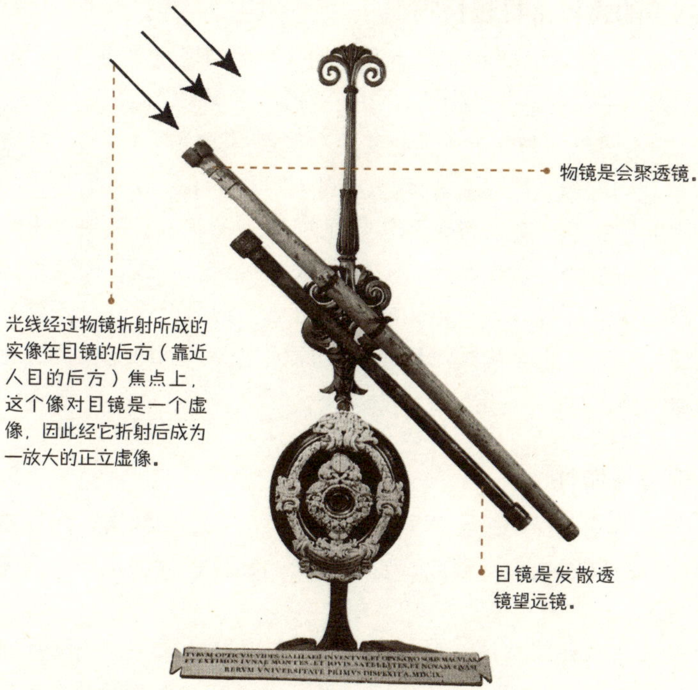

等价原理

重量不同的物体为什么同时落地

在很久以前，人们往往抱有这样的想法：重的东西落得快，轻的东西落得较慢。而伽利略却改变了这个看法。

越重的物体落得越快吗

当时人们之所以这样想是有原因的。用我们现在掌握的知识解释就是，因为空气有一定的阻力，会减慢物体下落的速度。举例来说，如果在没有空气的月球上，同时使两个重量不同的物体下落，就会发现两个物体是同时着陆的。为什么重量不同的物体会同时着陆呢?

原因就在于，我们常说的轻重是物体所受重力的表现，决定于物体所受的重力：质重越大，受到的重力越大。不过，决定物体运动状态的因素，并非只有重力和质量而已。就力而言，它不仅是物体运动的原因，也是物体难以运动的原因之一。而决定物体进行何种运动的是惯性。

重力与惯性

所谓惯性，指的是物体保持相同的运动状态的倾向。质量越大的物体，则惯性越大。因此，质量越大的物体，运动状态的改变就越困难。

伽利略的发现则是，越重的物体受到的重力牵引越大，而质量越大则越难改变运动状态；从另一方面来说，越轻的物体受到的重力牵引越小，质量越小也就越容易改变运动状态。

基于以上分析可知，重的物体和轻的物体实际上是几乎同时下落的。将重力质量和惯性质量等同的原理就是等价原理。根据等价原理，人们才能将重力定义为由物体加速运动而产生的能见力。

什么因素决定物体的下落速度

在很久以前，人们普遍认为越重的物体下落越快，这与空气具有一定阻力有关。但是，在没有阻力的环境下，为什么重量不同的物体会同时着陆呢？

历史上著名的“比萨斜塔抛球实验”。1589年某一天，伽利略在比萨斜塔上将一个重100磅和一个重1磅的铁球同时抛下，在场观众都看到了两球是几乎同时落地，由此证明了伽利略的研究：在忽略空气阻力条件下，重量不同的球在下落时同时落地，下落的速度与重量无关，即“自由落体定律”。

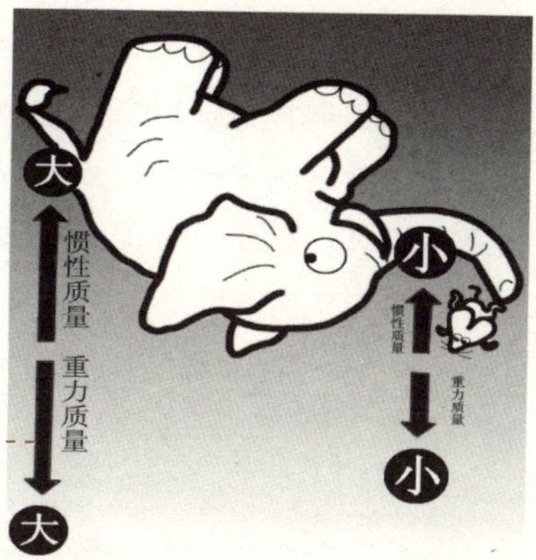

同理，大象的质量大，重力质量也大；老鼠的质量小，重力质量也小。但是，假如让大象和老鼠从一高度下落，它们几乎是同时落地的。

实验结论 伽利略的发现：重力质量和惯性质量的实质是相同的。越重的物体受到的重力牵引越大，而质量越大则越难改变运动状态；同样，越轻的物体受到的重力牵引越小，质量越小也就越容易改变运动状态。因此，重的物体和轻的物体实际上是几乎同时下落的。这就是等价原理。

光线折射

重力的作用

当电梯在下落时，重力消失了。现在，我们还用电梯的例子来说明光在重力作用下发生的非常有趣的折射现象！

光线穿过凿洞的电梯

首先，我们在电梯左右的墙壁上分别凿开两个洞。在电梯落下的某一瞬间，光线会水平地从右边墙壁的洞口处射入电梯。对电梯里面的人来说，光线是直射的，而且将从左边墙壁洞口处出去。

然而，站在电梯外面的人会看到怎样的情形呢？在电梯里，光线从右边的洞口进来，左边的洞口出去。这段时间内，电梯正在下落。因此，光线在射出左边洞口时，左边的洞口应该比射入时电梯右边洞口位置更低一些。这应该就是光线朝重力方向发生了折射的缘故。

现在我们就把穿过电梯的墙壁洞口的光线换成光束。假设光束上方的某条光线和光束下方的某条光线速度相同的话，那么光束的全体就应该笔直地穿过两个墙洞。如果光束发生了向下折射现象，那么必须满足的条件是，光束下方光线的速度要比光束上方光线的速度慢才行，即使只有部分光线的下方的光线受到重力的作用。于是，光速因为重力的作用而变得越来越慢。

光的偏折率

据实际上的观测和计算结果，光线因重力而发生的偏折率在两倍左右。不过，现在我只能很遗憾地将这个话题告一段落，因为除了等价原理外，肯定还有别的因素对光的偏折造成了影响。

光线穿过凿洞的电梯的实验

我们在电梯左右的墙壁上分别凿开两个洞，在电梯落下的某一瞬间，让光线水平地从右边墙壁的洞口处射入电梯。

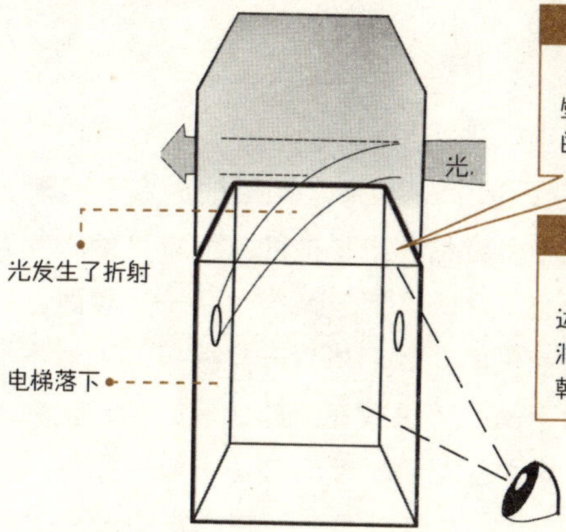

电梯里面的人观察到情景

光线是直射的，将从左边墙壁洞口处出去。但是，电梯外面的人却会看到不同的情景。

电梯外面的人观察到情景

光线在射出左边洞口时，左边的洞口应该比射入时电梯右边洞口位置更低一些。这就是光线朝重力方向发生的折射。

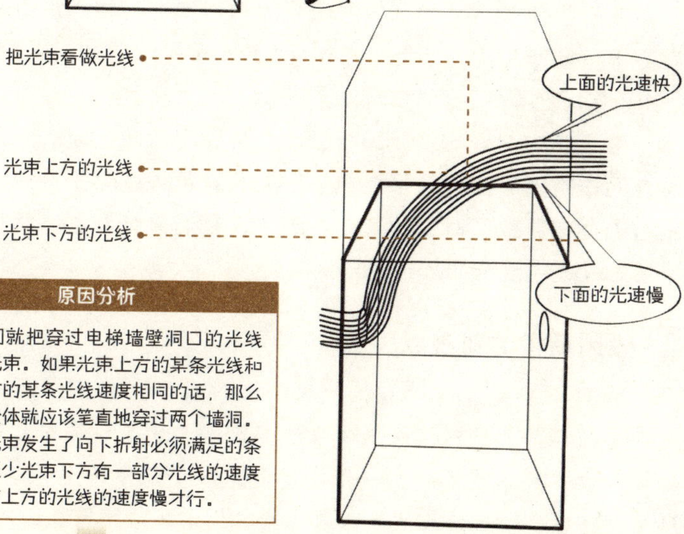

原因分析

我们就把穿过电梯墙壁洞口的光线的换成光束。如果光束上方的某条光线和光束下方的某条光线速度相同的话，那么光束的全体就应该笔直地穿过两个墙洞。因此，光束发生了向下折射必须满足的条件为，至少光束下方有一部分光线的速度要比光束上方的光线的速度慢才行。

实验结论 很有可能是重力作用减慢了光速，从而光束下方的光线要比光束上方的光线速度慢。

时空的弯曲

时空并非是平坦的

爱因斯坦是在公元1907年时才恍然大悟：原来根据等价原理，可以将重力等同于能见力。

狭义相对论出错了吗

这一次，电梯里的人两只手都拿了苹果。如果他的双手同时松开的话，两颗苹果就悬在半空中。就站在电梯内的人而言，两只苹果看起来似乎是逐渐地逼近朝地心下落的，但只是靠近了一丁点而已。在电梯里面，重力并不是完全消失的。我们单看一只苹果，可能不是很明显；但是如果把两只同时下落的苹果放在一起比较的话，就会发现，重力的作用并没有消失，重力在苹果下落的过程中依然存在。

由于加速度运动而产生的能见力和现实中存在的重力一样，二者都不可能产生力。因此，在有重力情况下的时空里，狭义相对论似乎出了错，它解释不了这些现象。

对于其中的疑惑，爱因斯坦认为是时空弯曲引起的。假如没有重力的作用，时空将是平坦的，于是两只苹果就会平行地下落。而重力的存在导致了时空的弯曲，于是，我们就会看到，两只苹果在下落的过程中逐渐靠近。

爱因斯坦的新观点

两只苹果之间并没有相互作用，各自自行下落。这种下落方式，是包括苹果在内的任何物体都具有的。因此，无论我们使何种物体做这样的下落运动，就算我们事先将它们分开，它们在下落时还是会在地心引力的作用下相互靠近，而不是以平行的路径下落。

因此，爱因斯坦没有将两个物体趋近的原因归结于物体之间“力”的作用，而是归因于时空的性质所致。

电梯里的苹果下落实验

假设一个两手各拿了一只苹果的人站在电梯里，如果他的两只手同时松开，两只苹果会朝什么方向下落呢？

在我们的印象中，两只苹果只受到重力影响，应该平行向地表下落。

实际上，两只苹果并不是平行下落，而是分别朝地球的中心下落，但只是靠近一丁点而已。

实验分析

在电梯里面，重力并不是完全消失的。如果单看一只苹果的下落轨迹，可能不是很明显；但是如果把两只同时下落的苹果放在一起比较的话，就会发现重力的作用并没有消失，具体表现就是使苹果下落时相互靠近。

实验结论 根据两只苹果下落的轨迹，我们推测，任何物体做这样的下落运动时，都会在地心引力的作用下相互靠近。但是，爱因斯坦没有将两个物体趋近的原因归结于物体之间“力”的作用，而是归因于时空的性质所致——大质量的物体会引起时空的弯曲。

时空的涟漪

一种不寻常的涟漪

爱因斯坦一旦发现了时空是弯曲的现象，就立刻指出时空具有震动的可能性。这种像涟漪一样的波是什么引起的呢？

当我们将石子投进池塘时，水面会立刻就泛起波纹，并逐渐泛散开，仿佛被投掷的石子的部分能源，成了波纹或涟漪的能源而传出去。

时空之波

据说，时空也会发生与此类似的情况。

举例来说，当太阳运转时，时空会由于太阳的运动而摇摇晃晃地被震动。而且，太阳运动能源的部分，也会由时空之波被传送到远方。

我们把在这种由时空运动所产生的波纹或涟漪称为重力波。

时空由于重力波的通过而发生晃动，因此时空中两点间的距离会有长有短。甚至，连我们的身体也会时而伸长，时而缩短。

我们无须担忧

总而言之，我们是无须杞人忧天的。因为如果光不具有像运动的太阳那样具有那么多的能源，根本还是无法剧烈地撼动时空。若要使时空被剧烈地动摇的话，以爆炸为例来说，至少需要具备使一颗星球爆炸的威力才行。

话虽如此，我们处于银河的中心，如果真的有某个比太阳的质量大上十几倍的星球爆炸了的话，它具有的能量也不过就只是使地球上的一公尺长的棒子或者原子核直径的百分之一产生变化而已。

是什么激起了时空涟漪

“重力波”是指在四维时空中的涟漪状波动。与电磁波不同，重力波能够穿透任何物体。因此，观测重力波很可能为天文学家研究宇宙提供新的信息。重力波引起时空涟漪的原因可以用石子激起水波来比喻。

将石子投进池塘时，水面会立刻就泛起波纹，并逐渐泛散开，仿佛被投掷的石子的部分能源，成了波纹或涟漪的能源而传出去。

这是一张模拟图，黑洞与中子星相碰撞释放出引力波。在黑洞附近，时空会因为黑洞的引力而发生弯曲。

实验结论 对时空涟漪形象化的解释：想象一张橡皮膜中间有一个保龄球。球就是一颗行星，它所造成的橡皮膜的变形相当于行星扭曲时空的方式。在爱因斯坦的理论中，地球吸引物体是因为它扭曲了附近的时空，就像保龄球扭曲了橡皮膜。如果是两个相互绕行的保龄球，它们将会引起橡皮膜上的涟漪，就像两个相互绕行的恒星产生的引力波。通过研究这种涟漪，就能知道恒星的运动过程。

重力透镜

光线因重力而弯曲的现象

时空的弯曲体现了重力的本来模样，而其弯曲的原因也理所当然是地球的缘故。然而，现象的背后是什么样的原理呢？

大质量物体引起的时空弯曲

不光是地球，所有的物体都会使时空弯曲。在实际计算重力的因素时，使光发生折射、决定物体弯曲时空的方程式，是有必要的。公元1915年，爱因斯坦终于解出了这个方程式。它就是有名的爱因斯坦方程式。他以这个方程式为基础，完成了广义相对论。

不过究竟会发生什么样的弯曲就要根据不同情况来确定了。例如，远方的银河有的时候看起来像是有两个以上，有的时候看起来则像是歪七扭八的样子。如果更远的银河和离我们较近的银河途中的某一恰当位置有别的银河存在的话，那么上述事实就很可能会发生了。

不过，形成那么巧合的位置安排——银河并排的情况，几率是非常小的。而且，自从公元1979年发现首例以来，平均一年才发现一例而已。

天文学领域的幸运草

某位天文学家将发现重力透镜的过程比喻成“在浩瀚无边的宇宙中找寻一片四片叶子的紫苜蓿（又名三叶草）”的过程。实际上，的确如同找到存在四片叶子的紫苜蓿一般，人们发现了拥有四个影像的重力透镜。重力透镜传递了珍贵的信息。举例来说，途中的银河如果质量越大，那么光线的折射就越大，就更容易在分开的位置上得到影像。

时空弯曲

重力透镜效应

这是光线因重力发生弯曲的现象，由爱因斯坦的广义相对论导出来：当光线在通过大质量物体附近时，会沿弯曲的路径行进。由此可知，星系可以把距离更远物体的光线聚焦，以沿与星系光线相同的路径行进。例如，太阳就会使其周围的时空发生弯曲。

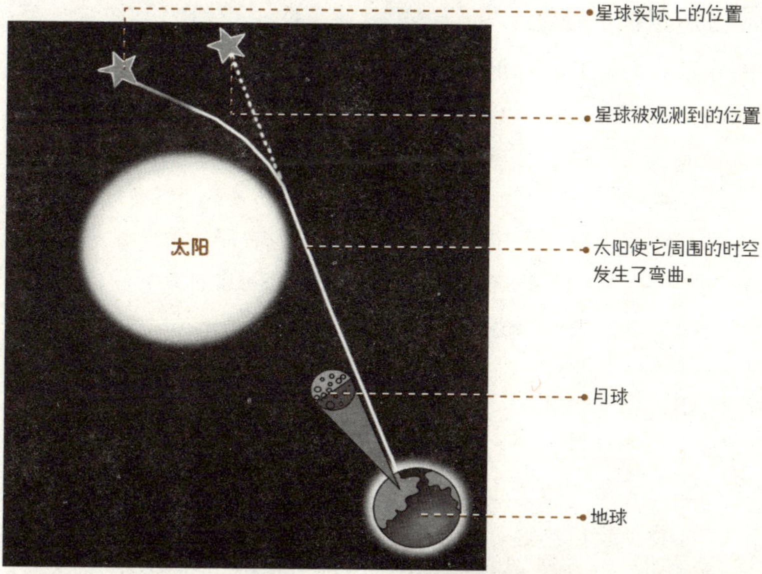

苜蓿叶状的四重影像

这是椭圆星系因重力透镜效应使它后方的类星体形成——苜蓿叶状的四重影像。

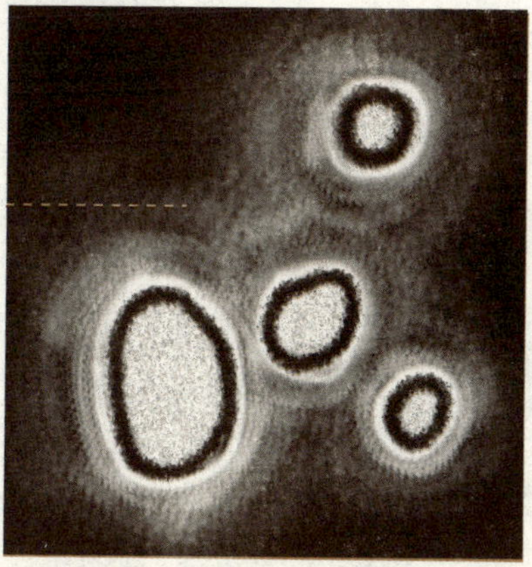

椭圆星系就位于图的中央，来自类星体的光被大质量星系重力吸引，于是使类星体的每个影像都经历了不同的路径。光子需要行走数十亿年才从类星体那儿到地球，而且光子在不同的路径上所用的时间也不同，从而每一个类星体的影像之间会出现时间延迟的现象。

疲惫的光芒

光线因重力而变慢

现在，让我们从不同的角度来重新看待光速因重力而减慢的现象，这将对于我们理解黑洞这一神秘物质有很大帮助！

光速越往下越慢

这回我们还是以下落的电梯为例。在电梯的天花板和地板上相对应的位置都凿上一个洞。让光线从地板的洞进来，再从天花板的洞出去。由于电梯里的重力消失了，因此，电梯里的人按照狭义相对论的计算方式，得出光以每秒30万公里的速度由下往上上升。

不过，就电梯外面的人而言，他看到的情形则是，光似乎受到下落的电梯的影响，原来每秒30万公里的速度似乎减慢了。的确，由于电梯越落越快，光速真的越往下越慢。

光速减慢的原因

当电梯离地面越来越近时，电梯受到的引力也就越来越强，电梯里面的光受到的重力也越来越强，因此，我们测得的结果就光线越往下传播速度就越慢，而越往上速度就越快，就是因为光受到重力影响的缘故。

假设在橡胶薄膜上放置一颗铅球，按照常理，薄膜的表面必定会凹下去。我们把橡胶薄膜看成时空，把铅球看成地球，铅球越靠近橡胶薄膜，橡胶薄膜的凹陷就越明显，这说明越靠近地球，受到的重力作用就越强，空间弯曲的程度就越明显。

因此，这种情形也可以这样解释，光速从凹陷处往上走而使速度减慢，就像光疲惫了一样。不过光速不仅是速度减慢—速度的疲惫，光在往下走时还发生了能源的减少—能源的疲惫，即光在往下走时发生了能源的消耗。

光线在下落电梯中的速度变化

当电梯里的重力消失时，电梯里面的人按照狭义相对论的计算方式，得出光以每秒30万公里的速度由下往上上升。但是，对电梯外面的人而言，他看到的情形则是，光似乎受到下落的电梯的影响，速度似乎减慢了。

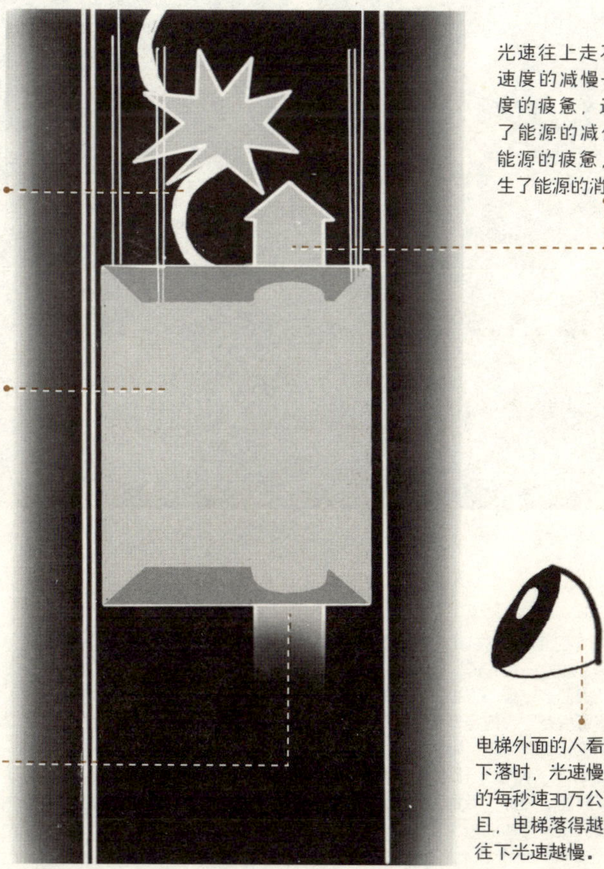

时空弯曲的解释

广义相对论的基本论点：大质量的物体或其产生的引力导致了周围时空的弯曲，如太阳或地球。

时空弯曲的类比：假设在橡胶薄膜上放置一颗铅球，按照常理，薄膜的表面必定会凹下去。我们把橡胶薄膜看成时空，把铅球看成地球，铅球越靠近橡胶薄膜，橡胶薄膜的凹陷就越明显，而这个比方要说明的就是，越靠近地球，受到的重力作用就越强，空间弯曲的程度就越明显。

朝上前进的光，会从时空凹陷处的底部往上走。此时，光的行进速度会减慢，光的能源也会减少。

朝时空凹陷里面走的光，会由时空凹陷的底部往下走。

恒星光谱

人们通过分析恒星发出的光的组分色，可以确定恒星的温度和大气成分。

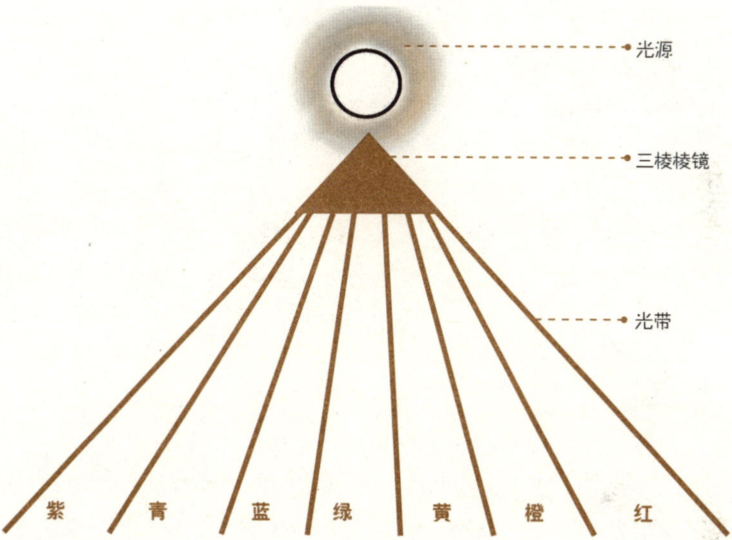

连续光谱	
红	640—780 nm
橙	640—610 nm
黄	610—530 nm
绿	505—525 nm
蓝	505—470 nm
青	500—510 nm
紫	470—380 nm

相关链接

恒星的光度与距离 光度是指一个恒星发出多少光。根据哈勃的发现，根据恒星发出的光的种类，可以对恒星进行分类，然后假定它们具有与我们邻近的类似的恒星具有相同的发光度，这样就可以计算出该星系的距离。哈勃曾用这一办法得出了9个不同星系的距离。

黑洞是什么

证明黑洞存在

如果我们把前文介绍的放在橡胶薄膜的铅球换成钢珠球的话，它的凹陷情形将会比放置铅球时更为明显。这一现象又意味着什么呢?

光速为什么减慢

同样的道理，在比地球质量更大体积更小的天体周围，时空弯曲的程度则更为明显。我们就极限的情况而言，凹陷的倾向离中心越近，时空的凹陷越明显。

比方说，从凹陷中心处向外射出的光呈现的情形是，离凹陷的中心越近，光速则越慢。总体的趋势是，从中心至外围，光速将逐渐递减至零。

发现黑洞

当我们被问及平时看见的东西是什么，答案就是来自那个物体的光线。假如没有光线从物体发出的话，那个物体看起来就会是一团黑。内侧光速为零的部分，如果处于外侧来看的话，是完全看不见的一团黑，这就是所谓的黑洞。

不过光速为零，只是黑洞的表面而已。从表面射出来的光，看上去似乎是永远包围在那里的。由于没有比光速更快的物体存在，因此，除了在黑洞的表面以光速朝外行进之外，不论做的是何种运动，都会被向中心牵引。在黑洞中连光都会被牵引回中心，所以无论怎样奋力朝上运动也只能朝黑洞的中心栽倒。

所以说，一旦落入黑洞，就绝对没有再逃到外面世界的可能。

物理学观点对黑洞的解释

任何靠近黑洞的物体都无法逃离它的引力。对于地球来说，以第二宇宙速度（11.2km/s）飞行速度就可以逃离地球的引力，但是对于黑洞来说，它的第二宇宙速度竟然超越了光速——连光都无法逃离黑洞！所以，射进去的光没有反射回来，我们的眼睛就看不到任何东西，只是黑色一片。在内侧光速为零的部分，如果处于外侧来看的话，是完全看不见的一团黑，这就是所谓的黑洞。

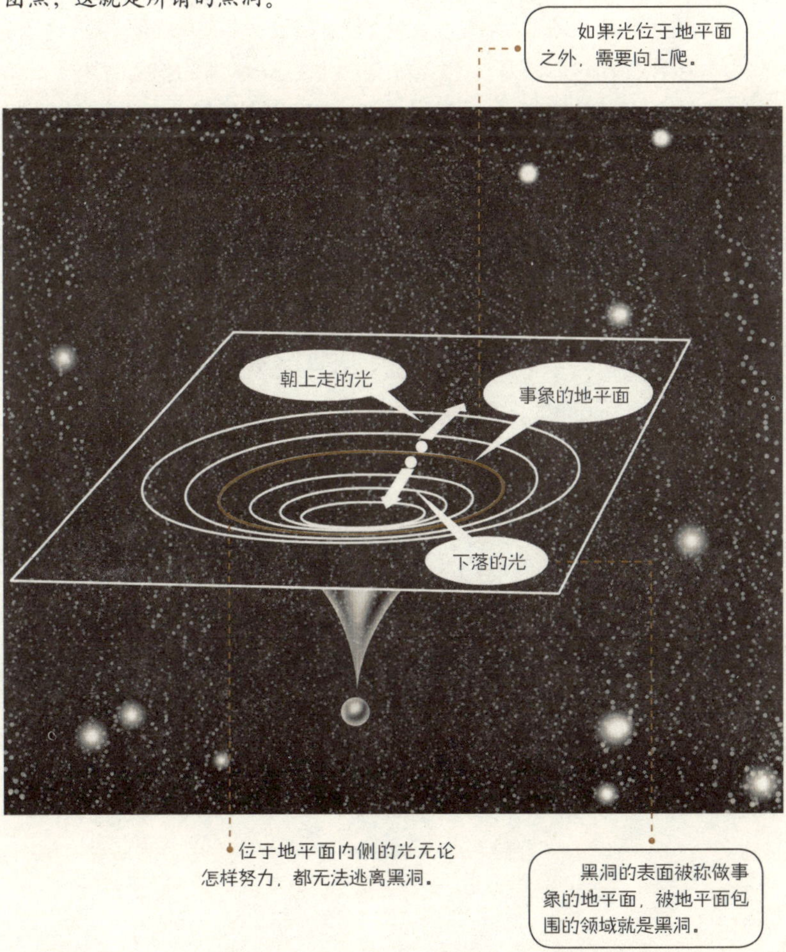

时间冻结

黑洞周围的时间停止了

我们现在做一设想，如果我们在远方眺望一个人落入黑洞，看上去将是什么样的呢？

无法逃离的黑洞

假设，那位正在下落的人，将根据自己手表的时间每隔一秒将光信号传给远方的你。那么你该如何接收这一连串的信号呢？

正处于下落状态的人，每过一秒都会更接近黑洞。如果离黑洞越近，那么那个人的手表朝外射出的光的速度就会越慢。于是，信号抵达接受者所在的位置所需要的时间就会更长。

如果在黑洞的表面突然发出信号，此时的光速几乎为零，所以光到达你所在的位置时，几乎要花上无限的时间。而且，从黑洞的表面，也就是地平面的事象发出的信号，即使等上了无限久的时间，也不会抵达接受者所在的位置。这一现象由外面的人看起来，将是一切事物都在转眼间被黑洞吞没。

黑洞周围的时间冻结了

原因如下：正在下落的人所持的钟表，就像爱因斯坦设想的自由下落的电梯一样，两者都没有受到重力的影响，并且都在照常运行。相对而言，受到重力影响的钟表，会由于光速减慢的原因，时间行走得更慢。黑洞中的世界，决非是我们所能看见的。也就是说，对我们的时间而言，那是无限的未来，更可以说是将来的世界。

时间冻结

想象：如果我在黑洞内发信号给黑洞外的你

现在，我们来设想一个场景来验证黑洞周围时间的冻结。假设，你在黑洞外观测这项实验，我在落进黑洞的过程中，根据自己手表显示的时间每隔1秒用光来向你传递信号。

原先每隔一秒的信号因为落入黑洞而间隔逐渐增长。

黑洞外观察者的状态

你的推论是我需要花费无限久的时间才能到达黑洞事象的地平面，即永远也不可能到达事象地平面。

信号到达黑洞表面需要花费无限久的时间。

从事象地平面发出的信号永远无法抵达黑洞外的观察者。

当我处于下落状态时，每过1秒都会更接近黑洞。离黑洞越近，我的手表朝外发出光信号的速度就会越慢。于是，信号抵达观察者所在的观测位置所需要的时间就会越长——从每隔1秒所传出的信号到接收信号的时间间隔逐渐增长。

落入黑洞者的状态

实验结论 黑洞周围时间冻结的原因：当我在下落的过程中，我的钟表完全没有受到重力影响，就像爱因斯坦设想的自由下落的电梯一样，不会受到重力的影响，而运动的速度是正常的，而受到重力影响的钟表会由于光速减慢的原因而走得更慢。因此，时间在黑洞周围的位置几乎是停止了，就像冻结住了似的。

黑洞里面是什么

奇异点与宇宙检阅官

当我们知晓一切物质都无法逃离黑洞这一事实后，我们又开始猜想：黑洞里面的情况又是怎样的呢？

吞没所有物质的奇异点

在黑洞中，无论何种物体都无法在中心处附近的某个位置作停留，它们必定会朝中心下落。因此，我们可以推测出被黑洞吸入的物体，全部都会汇集在中心处的某一点。

我们还是以橡胶膜的例子来类比这种情况。当橡胶膜的中心无限凹陷时，橡胶膜就会呈破裂状态。简单来说，就是时空的中心消失了。我们把这种状态称为奇异点。

关于位于别处或其他场所的奇异点，我们也曾有过这样的想法，我们猜想奇异点使物质和时空实际上一起变成了某种我们仍然未知的存在形态。至今，我们仍然没有权威的理论来解释奇异点的问题。或者说得极端一些，我们也曾抱有物理法则对奇异点不适用的观点。

神秘的裸露奇异点

总而言之，如果我们从外部来看奇异点的话，将会发现一些令人费解的现象，位于黑洞中的奇异点会被地平面的事象所包围，所以根本不用担心从外面能看见它。假如是没被事象之地平面给包围住的奇异点，则称做是裸露之奇异点。

英国的彭罗斯提出了裸露的奇异点并不存在，而且必定是隐没于事象之地平面此一假说；并且将之命名为宇宙检阅官假说。据说，宇宙中真的有检阅官，但是它总是不肯让我们看见裸露的那个奇异点。不过，这个假说还没有被证实。

黑洞与奇异点

奇异点：一个存在又不存在的点

物理学中的奇异点（singularity）是一种半径为零的天体，多见于描述黑洞中心的情况。因为物质在此点的密度极高，向内吸引力极强，因此物质会压缩为体积非常小的点，即在时空方程中出现分母无穷小的描述，因此物理定律这里完全失效。广义相对论预言奇异点是存在的，然而却没有说明在奇异点处会发生什么。

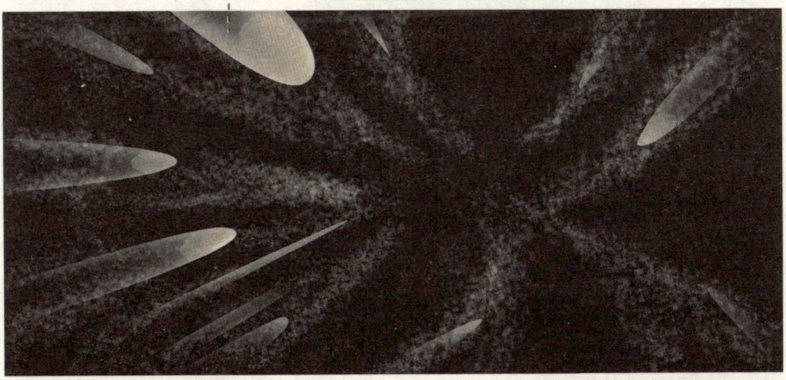

相关链接

不可能的任务——发现黑洞

我们现在进行一项假设，此时，我们确定在遥远的宇宙中的某一位置，确实存在黑洞这样的物质。如果我们要想观测它，那几乎是不可能的。然而，事实却是我们可以观测并非单独存在的黑洞。

在银河之中，有一个名叫X线连星的连星存在。连星指的是两颗星球如同铁阵般联立的情况。黑洞是由于星球的重力破坏而产生的。如果连星其中一方是黑洞的话，它强烈的重力影响可以将一颗普通星球的瓦斯牵引和吸收，并释放出强烈的X线。除了释放出X线的星球，另外还有一种称为中性子星的星球。中性子星球比黑洞质量少很多，所以这两种星球很容易区分出来。

因此，在找寻黑洞时，首先要找出放射X线的X线星球来，接着再计算出它的质量就容易发现黑洞了。现在，由X线天体卫星的观测结果得知，观测黑洞的最佳候补星球是天鹅座X—1。

黑洞的形成

星球重力崩坏的结果

虽然我们也有好几种关于黑洞是如何形成的设想，但这些设想中，确实认为宇宙中发生过星球的重力崩坏。

星球的重力崩坏

我们把像太阳一般自己本身会发光的星球称为恒星。在恒星的一生中，它会因其重量的缘故而发生很大的改变。恒星的能量来源于其中心部分发生的核融合反应。最初，水变成氦，接着，氦再变成炭，最后以铁的形态贮存在中心位置。由于铁原子的原子核是相对稳定的，所以接下来不会再发生核融合反应。

这一反应将使得星球拥有的能源逐渐消耗，于是星球逐渐变得无法支撑自己本身的重量。当星球温度上升以后，铁就会开始熔化。星球的温度下降，内部压力变小，使得中心部分被破坏得更加严重。当中心部分被破坏到一定程度时，中心部分的铁块就会越来越重，这就是所谓的重力崩坏。

重力崩坏的结果

重力崩坏的结果，就是黑洞的形成。中心部分在发生重力崩坏时，星球的外层部分会由于遭受猛烈的能源损耗而消散于宇宙间。导致了星球激烈的爆炸——超新星的爆炸。虽然超新星被称为“新的星球”，但他实际上只是星球垂死挣扎的状态。

黑洞是如何形成的

星体的重力崩坏的过程演示

星体的重力崩坏是黑洞形成的原因所在，下图是重力崩坏的几个过程。

第一阶段：恒星能量的来源是其中心部分产生的核融合反应。最初，水变成氦，氦再变成炭，最后以铁的形态贮存在中心位置。

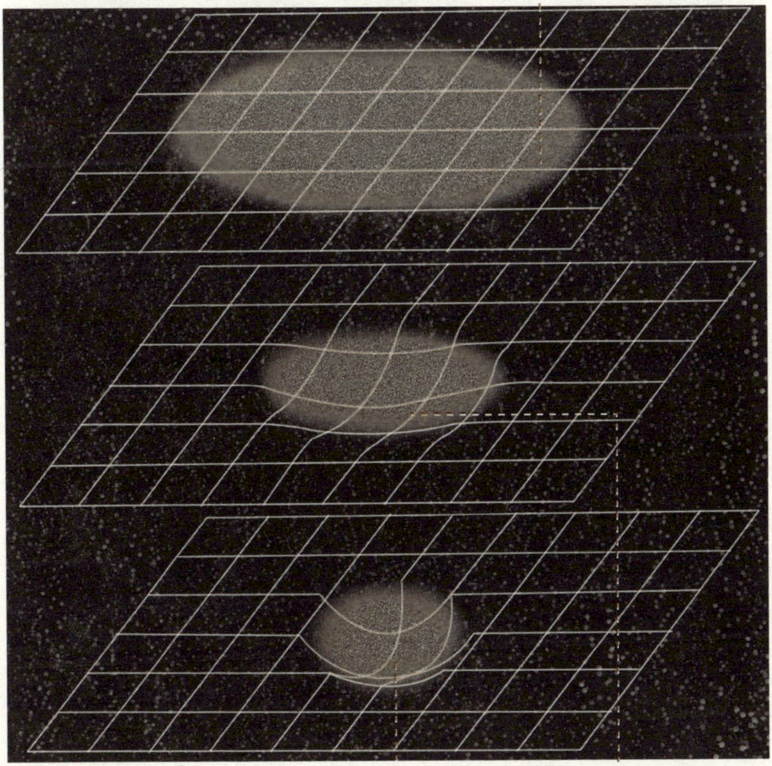

第三阶段：当星球温度上升以后，铁就会开始熔化。铁的熔化需要耗能，星球的温度又会下降，内部压力变小，使得中心部分被破坏更加严重。当中心部分被破坏到一定程度时，中心部分的铁块会越来越重，从而变为无限制的溃坏，即发生重力崩坏。

第二阶段：核融合反应将会消耗星体拥有的能源，于是星球逐渐变得无法支撑自己本身的重量。当贮存铁的中心部分的质量被压缩时，星球的温度就会上升。

霍金对宇宙由来的阐释

宏观宇宙是相对无限延伸的，“大爆炸宇宙论”却把最初的宇宙描述为一个点，它的周围是一片空白，而且至今人类还不能确定其范围，也无法计算其质量。这一切都只是一种臆测。况且，从能量与质量的正比关系考虑，一个小点为什么可以突然爆炸成浩瀚宇宙呢？它的能量又从何而来呢？

第4章

霍金的宇宙学说

20世纪科学的智慧和毅力在霍金的身上得到了极大的体现。他清晰地阐释了宇宙的起源、大爆炸以及宇宙各种物质的形成。

爱因斯坦的挑战

对宇宙原理的革命

爱因斯坦的相对论引入到宇宙原理中后，首先就要解决宇宙中物质分布的问题，从此打开了宇宙学说的另一扇窗。

相对论对于宇宙

一般人认为，宇宙是永远不变的。爱因斯坦也认为，即使有一部分星球诞生或毁灭，但不管怎样的变化，从宏观上来看，宇宙的形体是不变的，而且是永远存在的。

爱因斯坦认为，他的相对论理论也适用于宇宙。爱因斯坦将自创的方程式导入宏观上的宇宙来求解，可求得时空作何种程度的扭曲，并得知宇宙的样子。

宇宙原理

要想了解宇宙全体中大规模的物质分布，就要进行大规模的假定说法，那就是“宇宙哪儿也没有特别的场所”，这种想法，就叫做宇宙原理。根据宇宙原理，就宏观方面来看，物质分布是相同的。

宇宙原理中的疑惑

现代宇宙论是以空间的同样性及等方性的宇宙原理为基础的。但是，宇宙原理不过是人类头脑所想出来的理论，如果是实地观测，就会有许多的疑问。

宇宙背景辐射确认了宇宙的等方性。无论是来自何方的背景辐射温度，都达到了十万分之一的精确度，相当于绝对温度 2.7 开。但是，从银河空间分布情况来看，宇宙原理中的同样性未必会成立。银河虽然创造了银河团，然而从宇宙全体的情况来看，银河团的分布就不能说是一样的。

另外，据观测所得，还有名叫真空银河的，它几乎没有领域的界限，又称为超银河团的巨大银河集团，间隔约3亿光年，如同壁垒般周期性地连接成行。

从以上可以看出，就现在所观测的领域而言，宇宙并不是一样的。不过，若是更进一步来观测远方银河的话，宇宙的同样性也许是确定的。而且，若是将无法观测的暗物质物质分布一同考虑，也许宇宙的物质分布，真的可以说是一样的。

宇宙中物质的分布

根据宇宙原理，就宏观方面来看，物质分布是相同的。这一宇宙原理源于欧洲中世纪宗教的想法——以神创造宇宙为基础衍生出来的。然而从宇宙全体的情况来看，银河团的分布就不能说是一样的。

不过，若是更进一步来观测远方银河的话，宇宙的同样性也许是确定的。而且，若是将无法观测的暗物质物质分布一同考虑，也许宇宙的物质分布，就可以说是一样的。

宗教思想中对宇宙的描摹：宇宙是神创造的。

根据宇宙原理和更深入的观察可知，宇宙物质的分布是相同的。

封闭的宇宙

宇宙是有限的

为了解决在有限时间内宇宙的溃坏，爱因斯坦又导入了宇宙学常数，但还是不能解决其缺点。

宇宙学常数

令爱因斯坦失望的是，有关时间的发现。爱因斯坦所创制的宇宙模式，不能以固定的形状而存在。这是由于宇宙内含的物质重力，导致它在有限的时间内溃坏了。

前面关于球面宇宙的例子里有过介绍，因为球面上分布的物质是一致的，所以会使球面渐趋变小，最后缩成了一点。爱因斯坦为了与重力取得平衡，不使宇宙溃坏，而将表示“排斥力”的“项”列入相对论的方程式内，完成“时间性一定”的宇宙。现在，人们就将这样一个空间性封闭的、时间性一定的宇宙，称为爱因斯坦宇宙。而将为了与重力取得平衡而导入的“常数”，称之为“宇宙学常数”或“宇宙定数”。

爱因斯坦宇宙的缺点

爱因斯坦宇宙因为与物质没有关系，只能说是“真空的能源”，所以爱因斯坦的宇宙论不久就被发现其中有一些缺点。其中最重要的一点，就是爱因斯坦宇宙并不安定。比如，物质分布只要有一点摇晃，就会溃散或膨胀。也就是说，物质重力与宇宙学常数反发力的平衡，只要稍微轻轻地一摇晃，其平衡就会崩溃。

封闭的空间

爱因斯坦将相对论用来研究宇宙后，得出了空间是封闭的这一结论。封闭宇宙（closed universe）是一种宇宙模型，这模型认为宇宙的平均密度足以使宇宙进行收缩到大压缩 (Big Crunch) 阶段。这种宇宙空间就像一个普通的球体——不考虑球的内侧与外侧，只是考虑球面的世界。

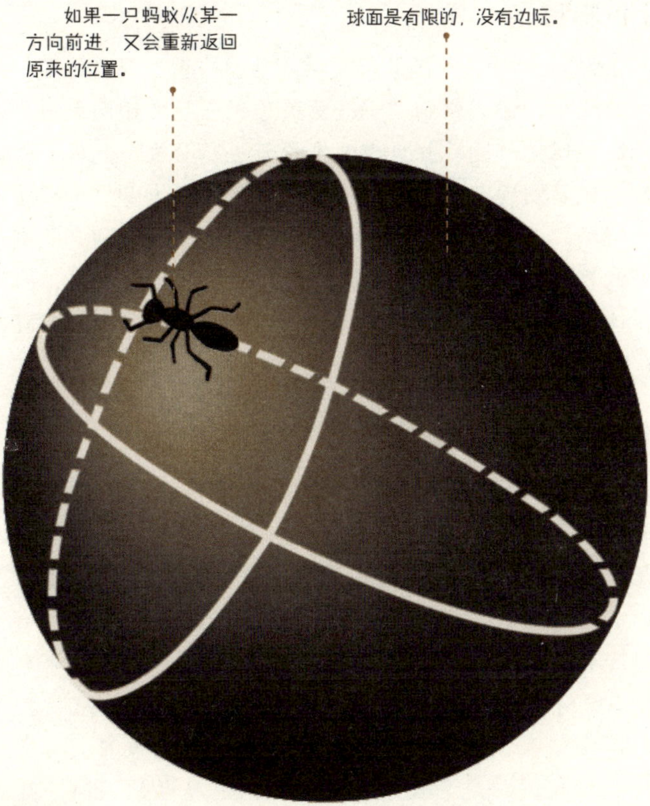

结 论

大质量的物质会引起空间扭曲，并形成封闭的时空——没有中心和边际的有限空间。

银河渐远

银河系在不断扩大

美国天文学者哈勃在观测银河的过程中，发现其中的光波有延长的性质，从而发现宇宙是在膨胀的。

宇宙膨胀

20世纪上半叶，美国的天文学者哈勃成就非凡。他不但推断出银河系的大小，还观察到“安托罗美达星云”和银河系一样，都是拥有无数星球的集团，并且提倡把星云进行分类。此外，他最有名的成就，就是发现宇宙膨胀。哈勃利用当时最大的望远镜，进行了详细的观测，调查了十几个银河的运动，从中他发现，从渐远的光源而来的光波有延长的性质；由渐近的光源而来的光波，有渐短的性质。这一性质并不只发生在光上面，而且连空气中传导的音波，也具有同样的性质。

银河的奥秘

以上的结论，可以用救护车警笛的声音来形象地说明。当救护车渐近时和渐远时，两者的警笛声音是有所不同的，渐近时听起来是高音，渐远时听起来是低音。这样，只要听到救护车警笛停止时的声音，即使没有亲眼目睹救护车，只听警笛的声音，就可以判断救护车的远近。同样的道理，只要观测从银河来的光的波长，就可以知道银河正在进行着什么样的运动。从哈勃的观测结果，得出了一项惊人的发现，几乎是全部的银河，由它所发出来的光的波长，都是渐长的。而且，越是遥远的银河，其波长的延伸就越大。这正显示出大部分的银河距离我们是疏远的，而且愈远的银河其速度愈大。

银河系渐行渐远

观察银河光源的光波

美国的天文学家哈勃用望远镜对银河进行了详细的观察，并得出一系列结论。

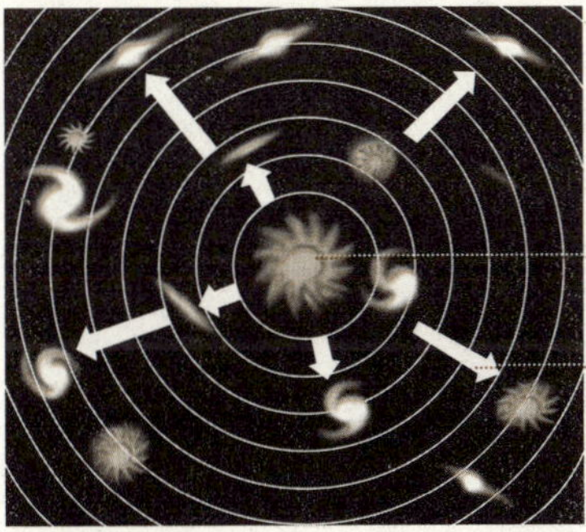

哈勃通过望远镜观察到，从渐远的光源而来的光波有延长的性质。

由渐近的光源而来的光波，有渐短的性质。

结论

只要观测从银河来的光的波长，就可以知道银河的运动。哈勃的观测结果表明，全部的银河发出来的光的波长都是渐长的，越是遥远的银河，波长的延伸就越大。

类比：观察空气里传到的声波

空气中传导的音波也具有同样的性质。例如，当救护车渐近时和渐远时，两者的警笛声音是有所不同的，渐近时听起来是高音，渐远时听起来是低音。

结论

可以根据救护车警笛停止时的声音来判断救护车是渐近还是渐远。

宇宙膨胀

关于宇宙的新思维

哈勃通过观测发现的宇宙膨胀理论，使爱因斯坦宇宙中引入的宇宙定数受到了挑战，打开了宇宙理论的又一个窗口。

空间膨胀理论

哈勃的观测结果，给人一种地球是处在宇宙中心的错觉。但是，我们是站在宇宙中并没有特别的场所这一宇宙原理上的。不只是只有我们而已，就是从宇宙中其他的银河来看，其他全部的银河都是遥远的。实际上，空间本身是膨胀的想法是可能的。比如在吹鼓的气球表面上适度地粘上几张银河的图画，随着气球的膨胀，银河之间也彼此逐渐远离。

宇宙定数与膨胀

爱因斯坦的宇宙论曾为了求得时间上的一致性，而引入了宇宙定数，但在面临宇宙膨胀的证据面前，他不得不放弃自己的假说，认为采纳宇宙定数是人生最大的失败。虽然宇宙定数在宇宙膨胀理论中显得无能为力，可是，宇宙定数在最近的宇宙论中，又再度地被极为赞扬。宇宙膨胀的情形与宇宙定数的有无之间有相当大的差异。宇宙定数是否存在，一时之间似乎也无法水落石出。

相关链接

宇宙不断地膨胀意味着什么 多数科学家认为，宇宙最后将停止膨胀，并由于星系重心吸引力作用向内部坍缩，使所有星系越聚越紧，形成一个紧密的物质团，将宇宙中所有的生命都摧毁。美国航空航天局科学家们通过测算发现，宇宙的确在加速膨胀。当宇宙膨胀到一定时期时，宇宙中所有普通物质的能量都将被消耗完毕——宇宙在数万亿年后将到处充满巨大的黑洞和黑洞碰撞引发的宇宙间的大爆炸。

宇宙新观点

宇宙膨胀就像一只越吹越鼓的气球

宇宙膨胀非常复杂，但我们可以用一个简单的例子来说明其变化。

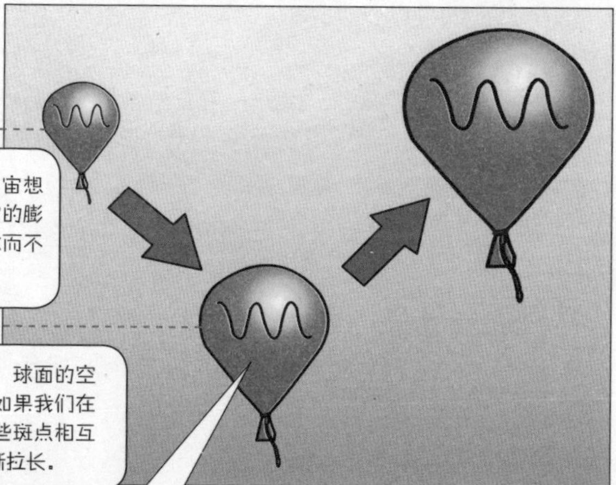

我们现在把宇宙想象成一只气球，宇宙的膨胀就像在充气的气球而不断涨大。

当气球膨胀时，球面的空间会均匀地涨大。如果我们在球面画上斑点，这些斑点相互之间的距离亦会逐渐拉长。

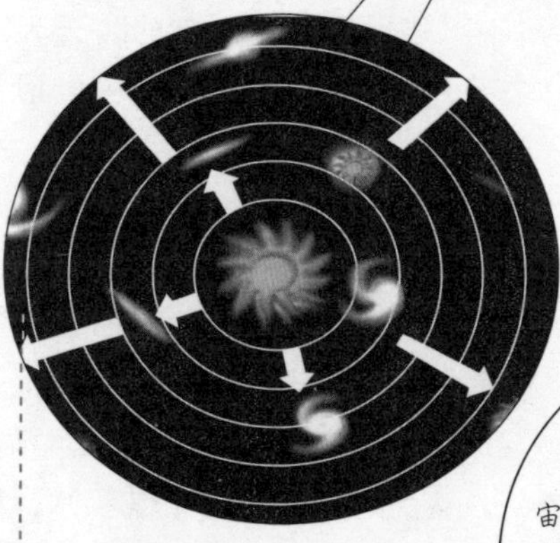

这种情况就像哈勃见到星系的相互飞离，银河在相互远离。

两种观点

恒常宇宙论与膨胀宇宙论

在宇宙膨胀理论提出之前，人们一般都坚持恒常宇宙论，随着人们观测距离和宇宙背景辐射的发现，人们才认同了膨胀宇宙论。

恒常宇宙论

在20世纪50年代，流行着一种叫做恒常宇宙论的理论。宇宙原理中提出，空间无论是哪儿都没有特别的场所，需要补充说明的是，宇宙无论何时看起来都是相同的，这样才可以称做是完全的宇宙原理。

所谓的恒常宇宙论，就是在完全宇宙论的基础上创造的宇宙论。之所以会出现恒常宇宙理论，是因为当时所测定的到远方的银河距离比现在要近，如果回溯时间，重新探索宇宙膨胀的理论，所有的银河都集中在一点的状态下，也就是处于宇宙创始期时，据估计是距今约十亿年前。然而地球的年龄，从岩石的研究得知，却已有40亿年以上。可是，地球是不可能比宇宙更古老的。正因为如此，就出现了宇宙的模样无论是经过多少时间都不会改变的恒常宇宙论。

膨胀宇宙论

虽然恒常宇宙论有一定的根据，但却无法否认哈勃所发现的宇宙膨胀论。然而，如果承认膨胀的话，物质的密度就会逐渐下降。所以，密度下降部分，就是恒常宇宙论所考量的物质由无而形成。膨胀宇宙论与恒常宇宙论的争论，从此之后也一直喋喋不休。最终得知对银河距离的测定是错误的，而且发现了宇宙背景辐射，那么恒常宇宙论就不具有说服力了，而膨胀宇宙论可以说是完全得胜了。

宇宙到底什么样？

恒常的宇宙

恒常宇宙论是基于完全宇宙论产生的。完全宇宙论认为，宇宙在任何时候都是相同的。

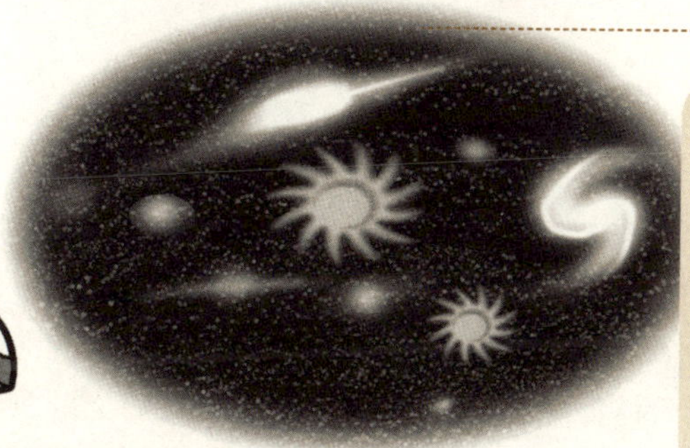

膨胀宇宙论

恒常宇宙论具有充分的科学依据，但是人们并不能否认哈勃提出的宇宙膨胀论。

实验结论 直到科学家最终证实地球到银河距离的测定是错误的，并发现了宇宙背景辐射，才使恒常宇宙论不再具有说服力，使膨胀宇宙论的立场更为坚定。

宇宙背景辐射

新的发现

美国贝尔实验室的两位科学家在检测天线的噪音时发现了宇宙背景辐射，由于它的一些特性，证明了膨胀宇宙理论。

奇怪的噪音

1964 年，美国贝尔实验室的工程师彭齐亚斯和威尔逊架设了一台喇叭形状的天线，用来接受“回声”卫星的信号，却发现在波长为 7.35 厘米的地方总是有一个各向同性的信号存在，这个信号既没有昼夜的变化，也没有季节的变化，可以判定与地球的自转和公转无关。于是他们在《天体物理学报》上以《在 4080 兆赫上额外天线温度的测量》为题发表论文正式宣布了这个发现。这个额外的辐射就是宇宙背景辐射。

宇宙背景辐射的发现在近代天文学上具有非常重要的意义，它给了大爆炸理论一个有力的证据，并且与类星体、脉冲星、星际有机分子一道，并称为 20 世纪 60 年代天文学“四大发现”。彭齐亚斯和威尔逊也因发现了宇宙微波背景辐射而获得 1978 年的诺贝尔物理学奖。

宇宙背景辐射的特征

宇宙背景辐射的特征是具有黑体辐射谱，黑体谱现象表明，微波背景辐射是极大的时空范围内的事件。因为只有通过辐射与物质之间的相互作用，才能形成黑体谱。由于现今宇宙空间的物质密度极低，辐射与物质的相互作用极小，所以，我们今天观测到的黑体谱必定起源于很久以前。宇宙背景辐射另外还有一个特征是具有极高的各向同性。在小到几十弧分的范围内，辐射强度的起伏小于 0.2%～0.3%；沿天球各个不同方向，辐射强度的涨落小于 0.3%。各向同性说明，在各个不同方向上，在各个相距非常遥远的天区之间，相互之间应当存在着联系。

宇宙背景辐射

探测宇宙背景辐射可以知道的

2003年，美国发射的威尔金森微波各向异性探测器对宇宙微波背景辐射进行了不同方向上的涨落的测量，得出宇宙的年龄是137±1亿年，宇宙的成分是一般物质、暗物质和暗能量，当前宇宙膨胀的速度是71公里每百万秒差距，宇宙空间是近乎于平直的，它经历过暴涨的过程，并且会一直膨胀下去。

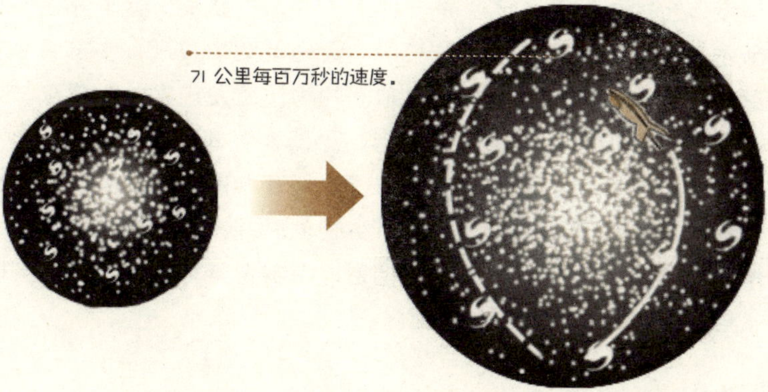

宇宙背景辐射特征

1. 温度接近于2.7K的黑体辐射，被称为3K背景辐射。
2. 黑体谱现象表明，微波背景辐射是极大的时空范围内的事件。
3. 具有极高的各向同性：在小到几十弧分的范围内，辐射强度的起伏小于0.2%～0.3%；沿天球各个不同方向，辐射强度的涨落小于0.3%。

高温
宇宙创始时的状态

宇宙背景辐射是宇宙膨胀理论的最好证明，由宇宙膨胀理论可知，宇宙背景辐射在宇宙的初创时波长很短，而且是处在高温状态的。

电波与高温

宇宙背景辐射是一种电波。所谓电波，指的是拥有波长1毫微米程度以上的电磁波。光也是一种电磁波，其波长仅有千分之一毫微米左右。宇宙背景辐射的波长中心大约是2毫微米。宇宙间存在着形形色色各式各样由星球或星球间的物质所发出来的电磁波。如果将那些电磁波全部都消除了的话，仍旧残存着的是绝对温度才3度的宇宙背景辐射。那也是从宇宙创始期开始即有的。宇宙背景辐射现在的波长约2毫微米，其实宇宙初创时并没有那么长，之所以会增长，正是因为宇宙膨胀。也就是说宇宙背景辐射在宇宙初创时波长短而高温，造成了宇宙的膨胀。

热平衡

如上所述的，波长短的电波则温度就高，能源就大，如果物质撞上该电波就会被熔化掉。不光是熔化物质，就连创造物质的原子也被分解成原子核和电子，原子核甚至还被分解成质子和中子，这种状态就称做辐射和物质处于热平衡。电波的能源决定着电波的波长，称为热平衡分布。只要对其进行观测，就会发现宇宙背景辐射能源的波长分布果然是呈现热平衡分布。就恒常宇宙而言，由于宇宙看起来永远相同，所以即使辐射是原本就有的，其能源在过去时也不会变大。因此，辐射和物质也不会达到热平衡。就恒常宇宙论而言，宇宙背景辐射是没有理由呈现热平衡分布的。这样一来，膨胀宇宙论是胜利在握，而恒常宇宙论则被人们抛弃了。

波长与能源

物体的温度是由构成它的粒子运动的激烈程度来决定的，而波长则表示着运动状态，所以说电波波长的长短决定着温度的大小。波长越长能量越多，运动越活泼；波长越短能量越少，运动越不活泼。

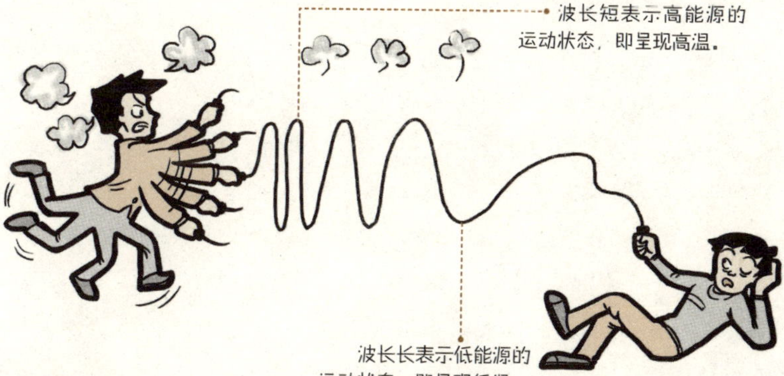

结 论

由于宇宙背景辐射的波长几乎都在2毫微米左右，从而可以推断宇宙背景辐射的绝对温度只有3度左右，因此其运动状态是不活泼的。

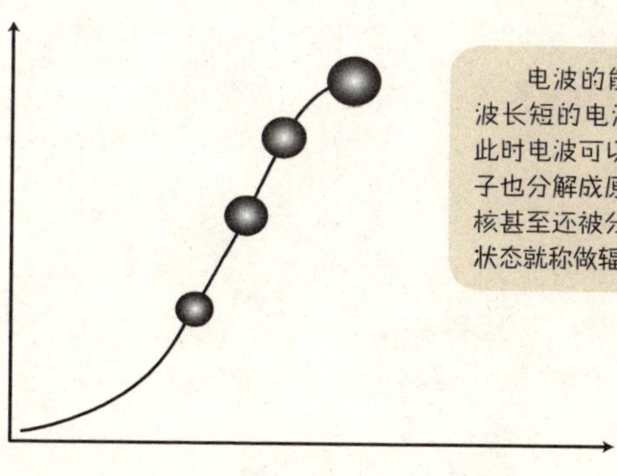

电波的能源决定着电波的波长。波长短的电波温度就高，能源就大，此时电波可以使物质熔化，甚至将原子也分解成原子核和电子，或者原子核甚至还被分解成质子和中子，这种状态就称做辐射或热平衡。

大爆炸

宇宙的起源

宇宙源于大爆炸的理论虽然只是假说，但产生后经过许多人的努力越来越证明这种理论的科学性。

大爆炸的提出

大爆炸理论是关于宇宙形成的最有影响的一种学说，大爆炸理论诞生于20世纪20年代，但一直没有人深入研究。

直到20世纪40年代，美国天体物理学家伽莫夫等人才正式提出了宇宙大爆炸理论。该理论认为，宇宙在遥远的过去曾经处于一种极度高温和极大密度的状态，这种状态被形象地称为“原始火球”。就是一个无限小的点，火球爆炸，宇宙就开始膨胀，物质密度逐渐变小，温度也逐渐降低，直到今天的状态。

大爆炸的过程

根据大爆炸宇宙学的观点，大爆炸的整个过程是：在宇宙的早期，温度极高，在100亿摄氏度以上，物质的密度也相当大，整个宇宙体系达到平衡。

宇宙间只有中子、质子、电子、光子和中微子等一些基本粒子形态的物质。但是因为整个体系在不断膨胀，结果温度很快下降。当温度降到10亿摄氏度左右时，中子开始失去自由存在的条件，它要么发生衰变，要么与质子结合成重氢、氦等元素；化学元素就是从这一时期开始形成的。

温度进一步下降到100万摄氏度后，早期形成化学元素的过程结束。宇宙间的物质主要是质子、电子、光子和一些比较轻的原子核。当温度降到几千度时，辐射减退，宇宙间主要是气态物质，气体逐渐凝聚成气云，再进一步形成各种各样的恒星体系，成为我们今天看到的宇宙。

宇宙大爆炸

20 世纪 40 年代，美国天体物理学家伽莫夫等人正式提出了宇宙大爆炸理论，认为宇宙在遥远的过去曾处于一种极度高温和极大密度的状态，这种状态被形象地称为“原始火球”。

2. 整个体系在不断膨胀，温度很快下降，此时宇宙间只有中子、质子、电子、光子和中微子等一些基本粒子形态的物质。

4. 温度进一步下降到 100 万摄氏度后，早期形成化学元素的过程结束。宇宙间的物质主要是质子、电子、光子和一些比较轻的原子核。

5. 当温度降到几千摄氏度时，辐射减退，宇宙间主要是气态物质，气体逐渐凝聚成气云，再进一步形成各种各样的恒星体系，成为今天的宇宙。

1. 原始火球也就是一个无限小的点，温度极高，在 100 亿摄氏度以上，物质的密度也相当大，整个宇宙体系达到平衡。

3. 当温度降到 10 亿摄氏度左右时，中子开始失去自由存在的条件，要么发生衰变，要么与质子结合成重氢、氦等元素，化学元素就是从这一时期开始形成的。

膨胀的限度

膨胀会永远持续吗

宇宙是否会一直膨胀下去，取决于宇宙中究竟有哪些物质。如果膨胀速度能克服物质所引起的重力，就会膨胀下去，而膨胀速度就会减为零。

速度和重力

宇宙的膨胀速度是根据宇宙由什么物质构成而决定的。对于普通物质来说，由于它们所引起的重力正是引力，所以膨胀的速度就会逐渐地减慢。例如将球往上投的运动，虽然在最初的时候球逐渐往上升，其间因为地球的重力影响，就会使得上升速度愈来愈慢。最后球速变为零，球开始落下来。

假想一下，如果将球往上抛时的速度定为某值以上的话，球就会甩开地球的重力，而逃向宇宙空间去。至于球是否会再度落下来，就要考虑最初的速度和地球的重力才能决定。这种情形，也同样发生在宇宙膨胀的过程中。

宇宙物质和膨胀速度

宇宙最初的膨胀速度如果由宇宙的物质所引起的重力获得，那么宇宙膨胀的情形早晚会停止，宇宙也会慢慢收缩。正好在扭转宇宙膨胀的宇宙，就会开始收缩，并朝向奇异点消逝。这种宇宙终结现象，被称为大硬化黏土。反之，如果由膨胀速度胜过物质所引起的重力，宇宙就会永远地持续膨胀下去。此时，宇宙的密度就会逐渐地下降，宇宙就会变成空空荡荡的坟场一样。

总之，决定宇宙终极命运的因素，正是宇宙本身所包含的是哪些物质。现在，关于宇宙所含有的物质，实际上所能观测得到的，不过是冰山的一角。宇宙中存在着大量的不发光，而且实体不明的物质，这些物质称之为暗物质。至于现今暗物质究竟有多少，观测中的确切情形仍不太清楚。

宇宙在膨胀

重力作用对膨胀的影响

对于普通物质来说，由于重力即万有引力的影响，膨胀的速度就会逐渐地减慢。

例如将球往上投时的运动，虽然在最初的时候球逐渐往上升，但由于地球的重力影响，球上升的速度会愈来愈慢。当球速变为零时，球开始下落。

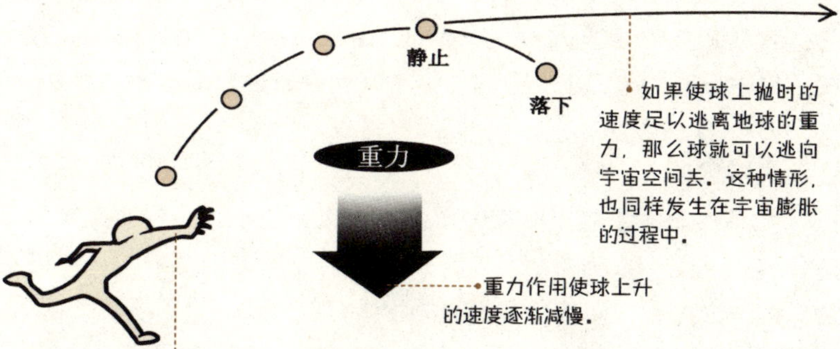

在重力作用下，以一定的速度向上抛球。

类比：宇宙的膨胀同样受到重力作用的影响

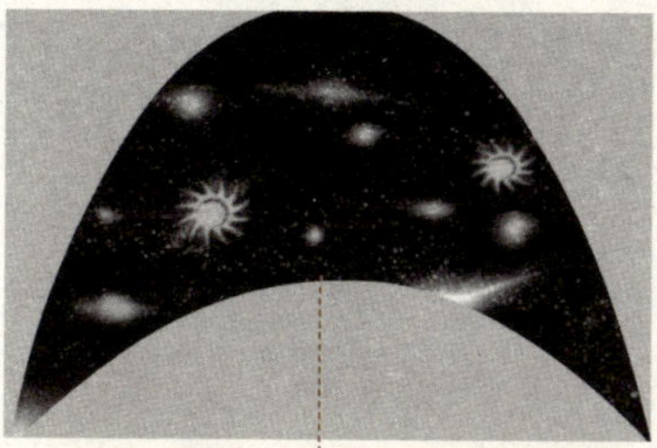

如果宇宙的膨胀速度不能逃离重力作用，那么宇宙膨胀必然会停止。此时，宇宙会慢慢收缩，并朝向奇异点消逝，呈现宇宙终结现象——大硬化黏土。

如果宇宙膨胀速度足够逃离重力作用的影响，那么宇宙就会永远地膨胀下去。此时，宇宙的密度就会逐渐地下降，宇宙就会变得格外稀薄。

两种空间

封闭空间与开放空间

由于物质中的量决定了空间的性质，因此在宇宙膨胀中，就形成了封闭空间和开放空间两种情形。

封闭空间

宇宙中物质的量决定了空间的性质。如果物质的量较多，宇宙膨胀就会变成收缩的状态，就是爱因斯坦最初所认为的空间是封闭的。由物质所引起的重力愈强，则空间就会扭曲形成封闭的形象。

开放空间

如果物质的量减少，空间扭曲情形也会变小，直到变得恰巧与膨胀取得平衡，成为平坦的空间。平坦的空间是无限的，从宇宙不膨胀的情形来看，即使只有少量的物质存在的话，空间还是会扭曲；要想成为平坦的空间，必须是在完全没有物质存在的情况下才有可能的。然而，宇宙膨胀时，如果只要放入少许的物质，很快就可以变成平坦的空间。

无论这个平面是如何地延伸，它都不会是封闭的。像这种开放的空间就是无限的。宇宙中的空间究竟是封闭的，还是开放的，若不观测得十分透彻的话，是很难下定论的。与其如此倒不如说，宇宙空间是比较接近现在的观测仍无法决定的平坦的宇宙。

相关链接

引力作用与时空弯曲 在爱因斯坦的狭义相对论中，他对引力如何引起时空弯曲进行了解释。通过利用数学工具，爱因斯坦指出，物体会引起周围空间和时间的弯曲；当物体具有很大的相对质量时，这种弯曲可能发生在从它旁边经过的任何事物，就算是光线，也会改变行进路径。

时空的弯曲

引力作用下不同的时空弯曲现象

平坦的空间

如果物质的质量减少，空间扭曲情形也会变弱，并达到与膨胀平衡，成为平坦的空间。

平坦的空间是无限的。只有在完全没有物质存在的情况下才有可能出现平坦的空间。

封闭的球面空间

如果引力作用使球面朝任何方向都发生扭曲，那么就会形成封闭的球面空间。

当物质越大、引力作用越强时，封闭空间扭曲的程度就越高。

开放的平面空间

由于引力作用的方向不明，就会使空间扭曲的方向不明，例如会形成马鞍那样的扭曲。

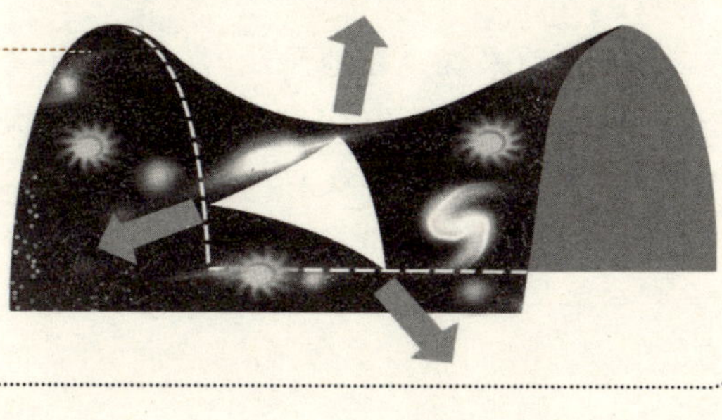

这种马鞍形的开放空间无论怎样地延伸都不会是封闭的，所以这种马鞍形扭曲的空间是无限的空间。

大爆炸的困惑
不能解决的困难

大爆炸理论虽然给了人们一个关于宇宙起源的答案，但是其中也有许多问题不能解决，如地平线问题就是最重要的一个。

地平线问题

宇宙大爆炸理论也有无法解决的问题，例如地平线问题：大爆炸发生1秒钟后的宇宙，所有的信号都以低于光速的速度来传递；信号1秒内所抵达的距离，即使遥远也好，光也仍旧是在1秒内即可抵达的距离，就称为1光秒。因此，在大爆炸发生后1秒的宇宙中，相距1光秒以上的两点间，是无法传递任何信号的。这就称为“大爆炸后1秒的宇宙至地平线的距离是1光秒”。照这样来推算，现在的宇宙至地平线的距离是100亿光年。

地平线的内外两点距离的变化

现在的宇宙相距100亿光年以上的两点，绝对无法看见彼此。假想大爆炸发生后1秒时，相距1光秒以上的两点，由于两者皆在地平线以外，所以绝对无法看见彼此。那两点也由于宇宙膨胀的因素，而逐渐地远离。

然而，如前所述，由于膨胀速度逐渐地变慢，所以导致现在两点间的距离比100亿光年要小很多。于是两点现在是位于地平线的内侧。因此，现在的地平线中也包含了几个过去时位于地平线之外的点。

就目前来说，在地平线内，明明有在过去几乎完全无法传递信号的点，为什么它们也会变成雷同的状态呢？就像是两个长得极为相似的人的两对双亲，不但是陌生人，而且就连他们的祖先，两家族之间也丝毫没有任何关联。这种情形完全是地平线的问题所导致的。

地平线的问题疑惑

大爆炸理论解答了宇宙起源的问题，但是给人们留下了不少疑惑，例如地平线问题。就是最重要的一个。

大爆炸发生后对宇宙地平线距离的推测

在大爆炸发生后1秒的宇宙中，相距1光秒以上的两点间，是无法传递任何信号的，即“大爆炸后1秒的宇宙至地平线的距离是1光秒”。从而可以推算出现在的宇宙至地平线的距离是100亿光年。

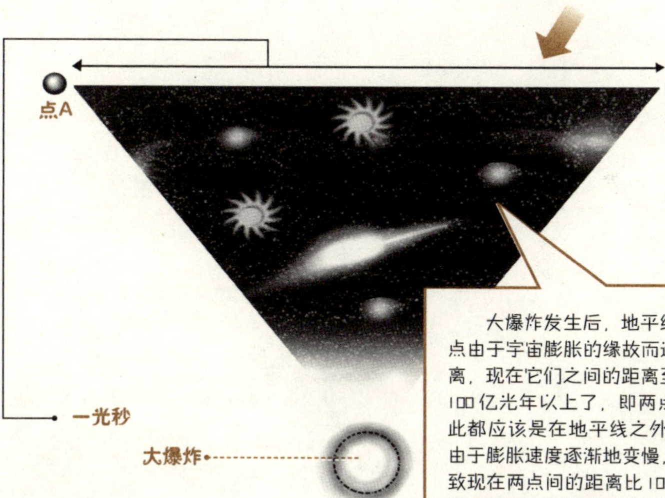

大爆炸发生后，地平线上的两点由于宇宙膨胀的缘故而逐渐地远离，现在它们之间的距离至少也有100亿光年以上了，即两点现在彼此都应该是在地平线之外。然而，由于膨胀速度逐渐地变慢，所以导致现在两点间的距离比100亿光年要小很多，于是两点现在是位于地平线的内侧。

现在宇宙地平线内外两点距离的变化

宇宙的起源

宇宙从冷到热的历史

根据大爆炸宇宙学的观点，在宇宙的早期，温度极高，物质密度极大，整个宇宙体系处于平衡状态。由于整个体系的不断膨胀，温度开始快速下降。当温度降到10亿摄氏度左右时，化学元素开始形成。直至温度降到几千摄氏度时，辐射减退，宇宙间充满了气态物质，再逐步形成今天我们所见到的恒星体系。

大爆炸开始时（150亿—200亿年前）	体积极小，密度极高，温度极高。
大爆炸后10—43秒	宇宙以量子背景的形式出现。
大爆炸后10—35秒	同一场分解为强力、电弱力和引力场。
大爆炸后10—5秒	温度为10万亿摄氏度，形成质子和中子。
大爆炸后300.01秒	温度为1000亿摄氏度，宇宙物质以光子、电子和中微子为主，质子、中子仅占十亿分之一，处于热平衡态，宇宙体系急剧膨胀，温度和密度急速下降。
大爆炸后0.1秒	温度为300亿摄氏度，中子和质子比由1.0降为0.61。
大爆炸后1秒	温度为100亿摄氏度，中微子向外逃逸，正负电子湮没反应出现，核力尚不足以束缚中子和质子。
大爆炸后13.8秒	温度为30亿摄氏度，氘、氦类稳定原子核等化学元素形成。
大爆炸后35分钟	温度为3亿摄氏度，核过程停止。
大爆炸后30万年	温度为3000摄氏度，化学作用使中性原子形成，宇宙的主要成分为气态物质，并逐步在自引力作用下凝聚成密度较高的气体云块，并逐渐形成恒星和恒星系统。

现代的宇宙中的两点

目前最令人困惑的是，在地平线内在过去几乎完全无法传递信号的点，现在却呈现雷同的状态呢，这是为什么？就像是两个长得极为相似的陌生人，他们的双亲、祖先、家族之间却没有丝毫关联。

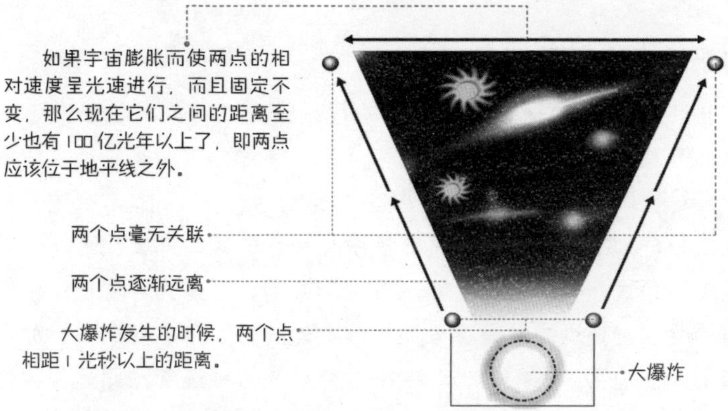

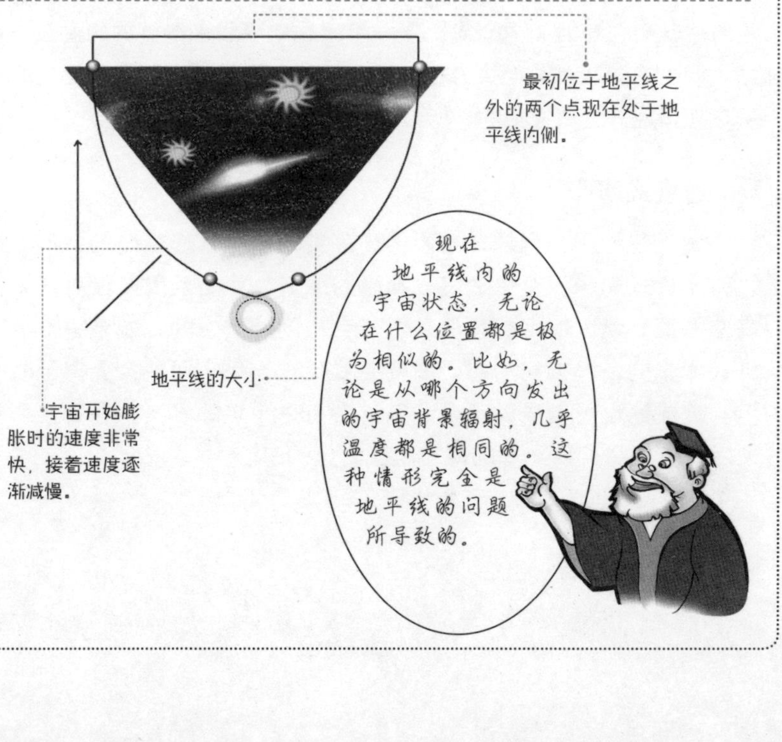

通货式膨胀

宇宙起源的比喻

宇宙是由大爆炸而产生的，产生之后的宇宙在以通货式的膨胀发展着，现在的宇宙仍然在膨胀，最后也许会归于一片死寂。

解惑地平线问题

宇宙地平线问题是个没有线索的超级大难题。许多的研究者对此问题，多是采取一种接纳的态度，只是说宇宙形成时碰巧是这样形成的。面对这样含糊的答案，曾经有位学者提出了一个非常有趣的想法。他认为，如果地球最初时是非常激烈地在膨胀，那么就可以很轻松地解决地平线问题。地平线问题发生的原因，正是因为现在位于地平线内的两点，在过去时是位于地平线之外的。宇宙最初期时，那两点原本是位于地平线内的，当时宇宙并非是在做减速膨胀而是加速膨胀。假设膨胀的速度是超过光速的，那么原本位于地平线内侧的两点距离，就会在短时间内变得比下一瞬间的地平线来得更加的遥远。总之，如果追溯两个长得极为相像的人的祖先，就会发现原来他们的家系在某些地方是有交集的，所以地平线问题就慢慢地消失了。

通货式膨胀

由上述地平线问题，可以得出宇宙初期是加速膨胀的情形，称之为通货式膨胀。发生通货式膨胀的原因，正是爱因斯坦所认为的真空能源。爱因斯坦的想法是由于宇宙创始产生的，如果宇宙是通货式膨胀的，那么空间的扭曲就会被拉长，而空间则会变得无限平坦。这或许也可以成为现在的宇宙为何是平坦的答案。通货式膨胀之后，就是我们所熟知的减速膨胀时代的来临。

宇宙膨胀

关于地球初期膨胀的设想

假设在地球形成的开始阶段曾经急剧地膨胀，那么现在位于地平线内的两点，在过去时是位于地平线之外的。如下图所示：

在通货式膨胀之后就是宇宙减速膨胀的时代。

在宇宙形成的最初时期，原本是位于地平线内的两点也会由于宇宙的膨胀而越来越遥远。

宇宙初期这种加速膨胀的情形被称为通货式膨胀。爱因斯坦将发生的原因解释为真空能源，他认为如果宇宙经过通货式膨胀的过程，空间的扭曲就会被拉长，空间则会变得无限平坦。

宇宙膨胀的速度

美国天文学家哈勃用哈勃定律向人们描绘了一幅宇宙膨胀情景。从任何一个星系来看，其他的星系都要远离观察者，就像一只正在胀大的肥皂泡。

离观察者所在星系越远的星系，远离的速度越快。

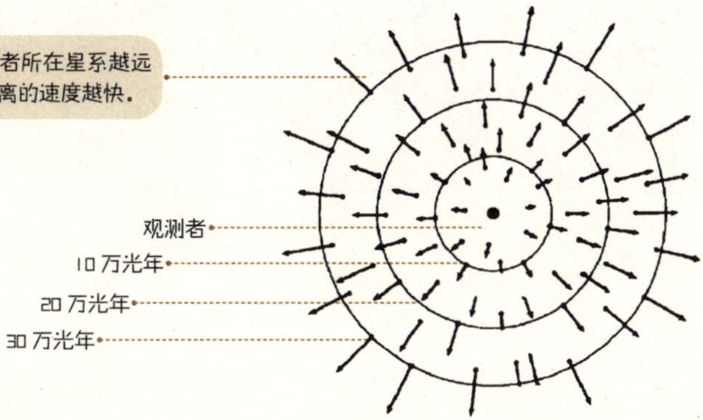

从过去指向未来

我们如何区分过去和未来？我们如何感受时间的流逝？科学定律又是怎样界定时间是往前还是往后？时间之矢区别了过去和未来，以三种不同的方式：热力学的时间之矢，表现为无序度和熵的增加；心理学的时间之矢，表现为人们通过记忆多少来区分过去和未来；宇宙的时间之矢，表现为宇宙的膨胀而不是收缩。

第5章

时间之矢

热力学第二定律：任何封闭系统中的无序度和熵总是随着时间的增加而增加。无序度和熵随着时间增加是时间之矢的典型例子。

时间之矢

时间的单一方向性

人们的普遍感受是，时间和空间截然不同，空间可能再重新回到相同的场所，而时间就如离弦的箭一样，一去不复返。

一去不返的时间

流逝的时光永远不可能再返回，时间只会跑向未来，像涓涓逝去的流水，也像离弦而去的飞箭。物理学也将时间只由过去朝未来前进，绝不逆行之单一方向性，称为时间之矢。

在相对论中，时间和空间是一起创造出时空的。但是从人们的亲身体验而说，所谓的时空，仍然让人们感到一片茫然。在实际的生活中，人们总是感觉时间和空间是根本不同的。这种感觉的原因就是时间一味地朝向单一方向飞逝，绝不会复返。空间虽然还有可能再重新回到相同的场所，可是时间却是一定无法再回到起点的。

钟摆运动和行星公转

其实，在现实生活中，并不是完全没有方法来区分过去和未来的运动，比如钟摆运动或行星的公转运动之类的周期运动。这是因为它们总是在做同样的运动，并且反复地重复，如果将此运动录影下来，即使倒带的话，也不会有任何不可思议的感受。

然而，如果是长时间看着该运动的话，情况就不同了。如钟摆的例子，因为空气的阻力或摩擦，运动会逐渐地变小，最后会停止。处于静止状态的钟摆，自然也不会开始摆动。行星的公转运动，由该行星的诞生而开始，直到该行星的消灭而结束。周期运动也是一样，只要长时间观察，就可以很清楚地区分出过去和未来的状态。

时间的单一方向性

逝去的时间永远不可能再回来，像离弦而去的飞箭。在物理学领域，时间这种由过去朝未来前进、绝不逆行的特性被称为单一方向性。

时间就像溢出之水

时间之矢的特性可以用很多例子来说明。例如，将水由杯子溢出的情形录下来，如果倒带的话，满溢的水会回到杯内，然而在自然状态下，这种情形是不会发生的。因为水在杯中的状态是属于过去，水从杯中倒出来的状态是属于未来。

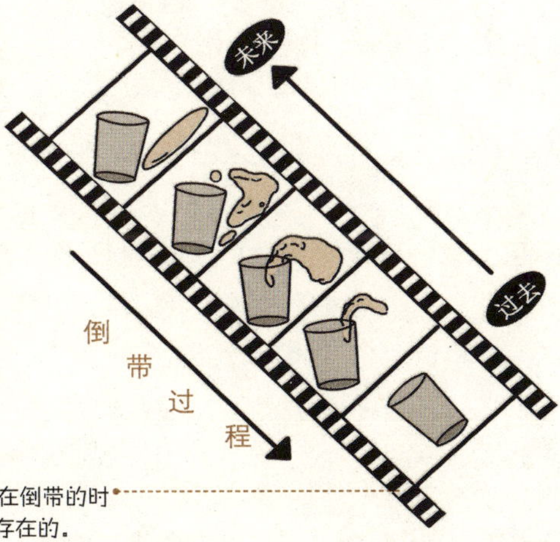

倒转的情形只可能在倒带的时候看到，在自然界是不存在的。

时间之矢

普遍的物理法则

时间不会从过去流向未来

如果不是观察一杯水的运动，而是观察一个水分子的运动，就会发现，时间是不会流动的，也没有过去和未来的区别。

水分子的过去和未来

时间之矢的存在，在人们的日常生活中，并不是那么理所当然地就能看见，所以一旦面临要说明它的时候，就会变得相当的棘手。

实际上，从某个意义来说，人们会看到，时间是不会流动的，那是由于物理学领域中的大部分法则决定的，从时间上来说，是无法区分过去和未来的。假如我们注重的不是一杯水，而只是一个水分子，并将该水分子的运动录下来，再把它的录影带倒着来看。就会发现，水分子由地板跃入杯中的映像，而且看见了该映像的人，若把它解释成分子的运动，就不会觉得有违常理，或者感到不协调了。

无法区分过去和未来的物理法则

在物理世界的运动法则中，如果某一运动被许可的话，它的反运动也会被许可的。如果只是取出其中一个水分子来观察，那么运动方向中过去和未来的区别就会不存在。物理学领域中不只是运动的法则，还有电气与磁气的法则、重力的法则，几乎全部的物理法则，都是无法区分过去和未来的。

现在，唯一可以区分过去和未来的法则，就只有关于某种特别的分子的法则而已，不过它与以上的法则并无关联。由以上这些基本的物理法则，可以推导出时间是不会流动的结论。

从现实生活来看，这个结论明显是错误的，可是从另一方面来说，许多实验证明的物理法则的正确性又是毋庸置疑的。

没有过去未来的水分子

在某些时候，人们无法区分过去和未来，如同物理学领域的许多法则。例如，在上节所举的杯中之水的例子中，如果我们把关注点从一杯水转移到一滴水中的一个水分子，那么情形就会有所改变了。

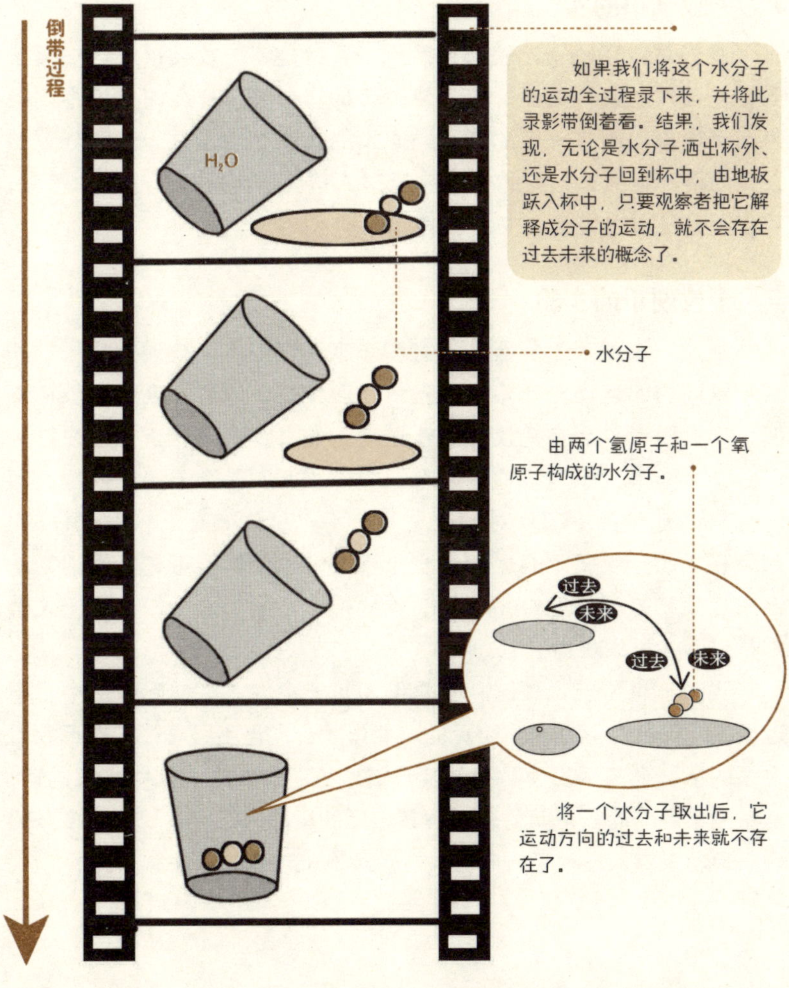

硬币实验

过去和未来的区别

通过一枚硬币和十枚硬币的实验，可以看出过去和未来有时是可以区别的，有时是不可以区别的。

一枚硬币的实验

我们可以举一个比较形象的例子，就是将一枚硬币放置在桌子上，连续性地敲打桌面，直到使硬币翻转过来。那么即使是将此硬币运动录影后倒带来看的话，与原本的映像之间还是无法区分。如果认为敲打桌面是人为的机械性动作，那么就这枚硬币的运动而言，可以说是没有过去和未来之别的。

十枚硬币的实验

通过一枚硬币不能区别过去和未来，现在将十枚硬币并排，并且重复同样的运动。开始时，先将正面并排，这时一旦开始敲打桌面，十枚硬币总会有几枚会翻转过来。如果就这样一直持续敲打到最后，其结果大概是平均大约有五枚是正面的，剩下的五枚是反面的。或许有时会是四枚对六枚之分，不过总体上是五枚对五枚的。如果将上面十枚硬币的运动过程录下来，也将其倒带来看的话，就会出现最初是正面五枚、反面五枚的硬币，到了最后却逐渐变成全部是正面并排的映像。

当然，也不能说像这种事是绝不可能会发生在实际生活中，不过，因为这种情形是非常罕见的，所以才会觉得不可思议。硬币数目愈多的话，全部呈正面并排的情形就愈不可能发生。这样想来的话，从发生某运动而言，就可以理解其相反的运动未必会实现。从多数的硬币运动来看，出现了方向性，也就逐渐能够区分过去和未来。

一枚硬币的过去和未来

将一枚硬币放置在桌子上，连续性地敲打桌面，直到使硬币翻转过来。

过去和未来没有区别

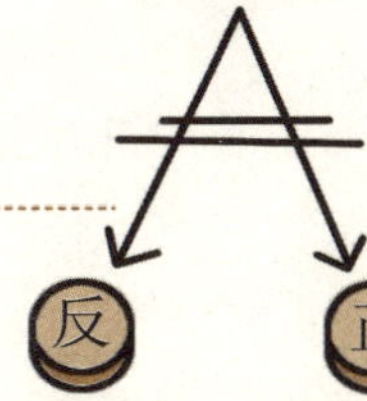

如果将硬币运动的过程记录下来然后倒带来看，就会发现和之前的情况没有什么差别，所以说这枚硬币没有过去和未来之分。

十枚硬币的过去未来

一枚硬币的运动过程不能区分过去和未来，现在将十枚硬币并排，重复同样的运动。

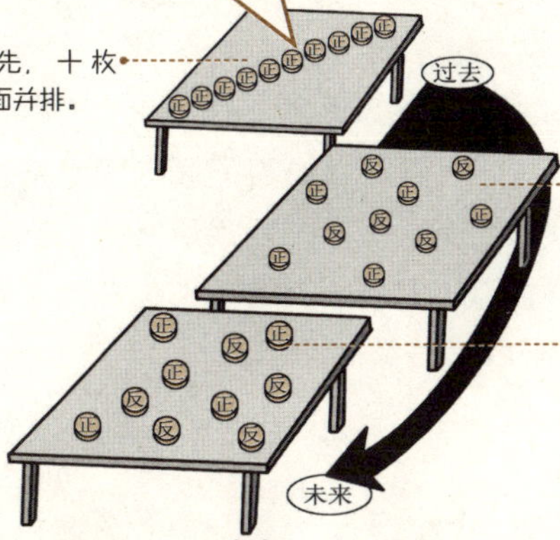

首先，十枚先将正面并排。

接着，开始敲打桌面，十枚硬币中的几枚会翻转过来。

然后持续敲打，最后的结果大约是五枚是正面的，五枚是反面的。或许有时会是四枚对六枚之分，不过总体上是五枚对五枚的。

未来

过去

结论

如果将十枚硬币的运动过程录下来，倒带来看，就会出现最初是五枚正面、五枚反面的情况，到最后却变成全部正面的情况。然而，在生活中这种情形非常罕见，而且硬币数目越多，全部呈正面的情形就越不可能发生。因此，多数硬币的运动出现了方向性，所以能够区分过去和未来。

时间本质

时间是一种可能性的流逝

通过分析硬币实验的几率问题，发现时间是一种可能性的流逝，这就有可能使时间从未来回到过去。

硬币实验对几率的估计

通过硬币实验，可以了解时间之矢的本质。下面就具体分析一下，十枚硬币全部呈正面状态的几率数目只有一种，而呈现其他状态的几率却不止一种，而是有很多种。比如，出现九枚正面和一枚反面的几率数目，如果十枚之中不论哪一枚硬币是反面的都可以，那么总共就有 10 种。出现八枚正面和二枚反面的几率的数目，如果十枚之中不论哪两枚是反面都可以，那么总共有 45 种。

由此可以看出，虽然在一个硬币运动中，过去和未来并没有区别。但是，从更多的硬币来观察，是非常有可能倾向于可能性高的状态，也就是几率数目较大的状态。这并不是表示它绝不会倾向相反的方向，只是几率比较小罢了。像这一类的运动也并没有因为自然而被禁止，这只是因为几率较小的缘故而已。

回到过去的几率

硬币实验中出现运动的方向性，是因为将几率考虑进去而产生的。那么，就可以说，运动所导致的过去和未来的区分是几率性的，由未来回归过去的运动，虽然几率小却是可能的。对于看见那种运动的人来说，就会觉得时间是由未来回溯到过去的。就现在的情况来说，成为处理对象的粒子像，也就成了无数的，这对认为回归过去的运动所自然产生的几率几乎为零是没有妨碍的。然而，在无法完全断言为零的情况下，也不能说没有留下时光机器产生的可能性。

硬币实验对几率的估计

以下是硬币实验各种情况出现的次数。其中十枚硬币全部呈正面的情形只出现过一次。但呈现其他状态的次数却不止一种。

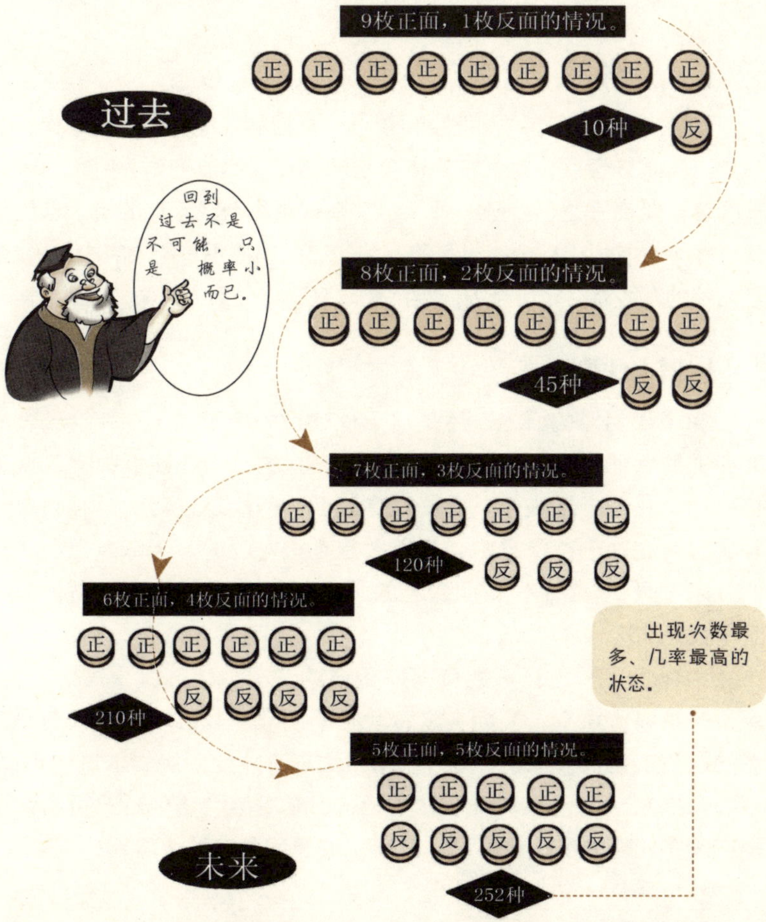

实验结论 从对多数硬币的观察来说，非常有可能出现可能性高的状态，即几率数较大的状态。但是，这并不表示它不会倾向于相反的方向，只是发生的几率比较小而已。

硬币试验的发现

熵增大法则

十枚硬币实验的结果可以称为熵增大法则，就是硬币朝向几率数目较多的状态而使系统产生变化。

什么是熵

熵在希腊语中是“变化”的意思，是指某系统在热平衡的状态下一点一点地慢慢变化时，将其所吸收的热量按照温度划分所得出来的一个值。简而言之，就是一种表示某系统中纷杂或无序的量。也就是说，一个没有物质或热能出入的系统，它的熵值不可能会减少。因此，它内部的东西就必定会无方向地乱窜，直到有一天会崩溃坏死。

熵增大法则

为了说明熵的概念，还是用十枚硬币的例子，十个硬币代表所要研究的物理系统，所谓的系统状态，指的是十枚硬币中有几枚是正面的。在这个系统中，有一枚是正面、两枚是正面……总共有十种状态，在这十种状态中，几率数量是相对应的。全部为正面状态的几率数是一，九枚为正面状态的几率数是 10，五枚为正面状态的几率数是 252。

由以上可知，几率数目朝向多数的情况，状态就会发生变化。所谓的熵增大法则，简而言之，就是朝向几率数目较多的状态而使系统产生变化的。同时，在十枚硬币的实验中，要考虑的一个问题是必须要有一个人从外面敲打桌子。但是熵增大法则所适用的情形是在没有外部影响的情况下，其变化的原因是来源于内部的。

熵定律

“熵”(entropy)是德国物理学家克劳修斯(Rudolf Clausius, 1822—1888)于1850年提出的一个术语，用来表示任何一种能量在空间中分布的均匀程度。能量分布得越均匀，熵就越大。当某个系统的能量完全均匀地分布时，这个系统的熵就达到最大值。现在还是用十枚硬币的例子来说明熵增大法则。

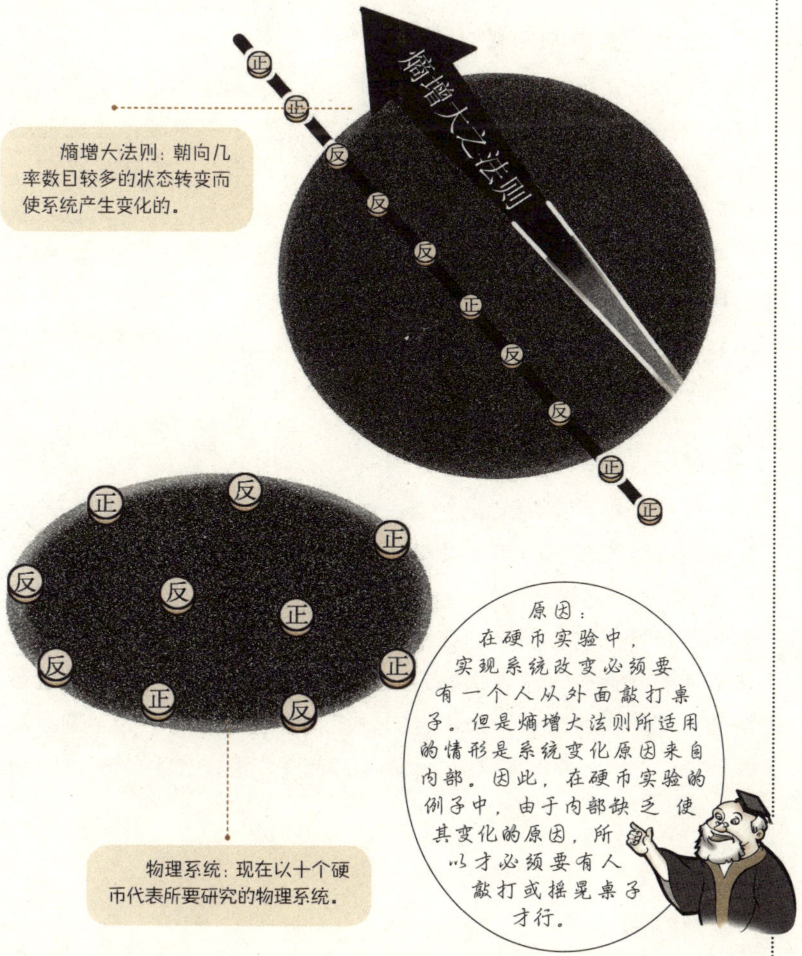

两种状态

宏观状态与微观状态

由十枚硬币的实验，可以得出熵增大法则，由此又可划定宏观和微观两种状态，正是由于宏观状态的熵较大，所以才失去了微观的信息，但不是说它就不存在。

硬币实验中的两种状态

在十枚硬币实验的例子中，以几枚是正面的指定方法来决定的状态就是宏观状态。在宏观状态中，并不是把哪个硬币是正面的当做问题所在。与此相对应的，关注每一枚硬币是正面还是反面的状态，就是微观状态。由于即使粒子的个别运动有些微变化也不会使其宏观的状态产生变化，所以绝大多数的微观状态，是对应于一个宏观的状态的。比如，十枚硬币中有五枚是正面的这种宏观状态，就会有 252 种的几率数目，这种情形就可以理解为 252 个微观状态对应着一个宏观状态。

宏观状态的熵

所谓宏观状态的熵，是指由对应该状态的微观状态数所产生的量。熵的概念并不适用于微观状态。对应着微观状态的数愈多的宏观状态，熵也就会愈大。微观状态的数愈少，只要指定宏观状态，仍然可以得出对应微观状态的大致情形；微观状态的数越多，即使是指定宏观状态，微观状态的情形也几乎是无法了解的。由上面的理论可知，熵如果处于宏观状态，就会失去宛如粒子的个别运动般的微观的信息，这就是关于所想之系统的微观的信息被错过的过程。

硬币的宏观状态和微观状态

由十枚硬币的实验，可以得出熵增大法则，据此还可划分出宏观和微观两种状态。

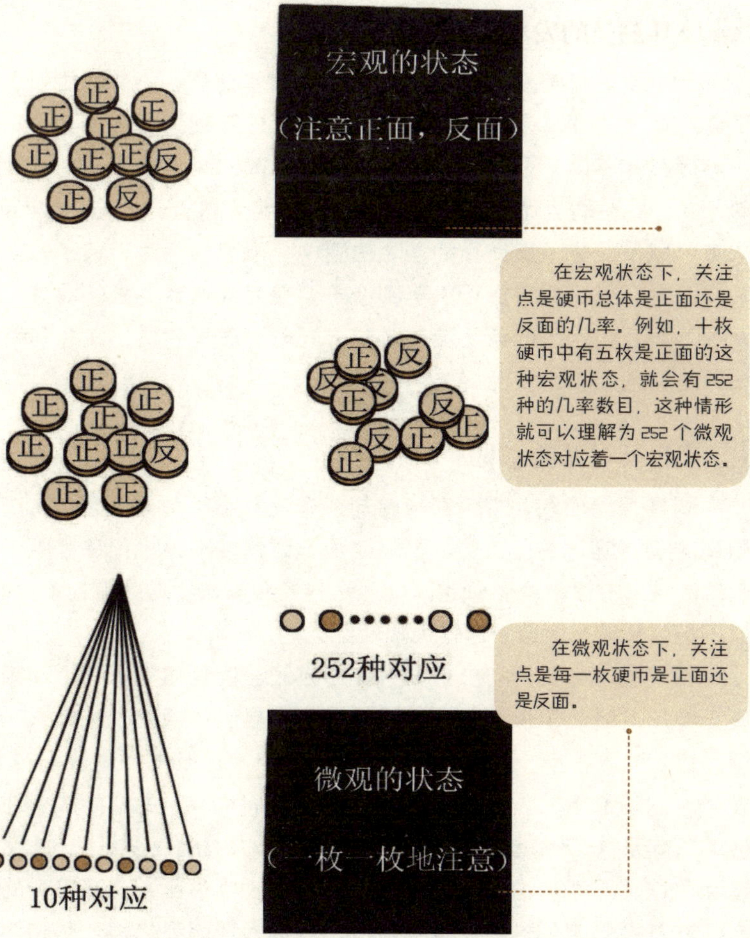

玻耳兹曼
深受哲学困扰的物理学家

奥地利科学家玻耳兹曼对熵的统计力学解释和他给出的玻耳兹曼方程在创立统计物理科学中发挥着非常重要的作用。

玻耳兹曼的发现

19 世纪后半期，奥地利的物理学者玻耳兹曼，将热的法则尤其是熵的增大法则拿来作为原子或分子存在的基础，而且为了证明这一点而孜孜不倦。据他说，热的背后有无数的原子或分子在不停运动，它们的平均运动能源越大的话，温度就会越高。更进一步来说，从每个原子或分子所遵循的运动法则中可以得知。对于粒子的全体系统而言，无论如何都无法再制造出不随时间递减的量。而且，还发现了微观状态下的数及熵的对应。同时，玻耳兹曼还注意到熵增大的法则是几率的问题。

来自反对派的意见

同样是奥地利的哲学家马赫却持有反对意见。他认为，无法观测到的东西就是不存在的，因此他毫不留情地狠狠地把认为原子是基础的玻耳兹曼批判了一番。按照马赫的观点，物质是有连续性的，他不相信物质是像原子那样由颗粒组成的。

由于玻耳兹曼的研究似乎有些超越了当时的研究水平，他因为疲于与反对派无休止地争论，再加上因为自己的研究不被世人所理解而感到痛苦不堪，于是选择自杀的方式结束了他的一生。事实上，在当时的情形下，玻耳兹曼选择的研究方向和取得的科学成就注定他的工作从一开始就蒙受着来自哲学方面的困扰。他与马赫、奥斯特瓦尔德关于原子论的争论、晚年开设的哲学讲座、公开发表的论文，都直接影响了科学和哲学领域，对深入理解现代物理学和西方哲学的产生和发展具有非常重要的现实意义。

熵朝哪个方向增长

玻耳兹曼作为统计力学的奠基者，对物理学的发展做出了许多贡献。玻尔兹曼根据统计力学预计，熵会朝两个方向增加，如下图所示——虽然人们的经验认为它只会朝未来增加。

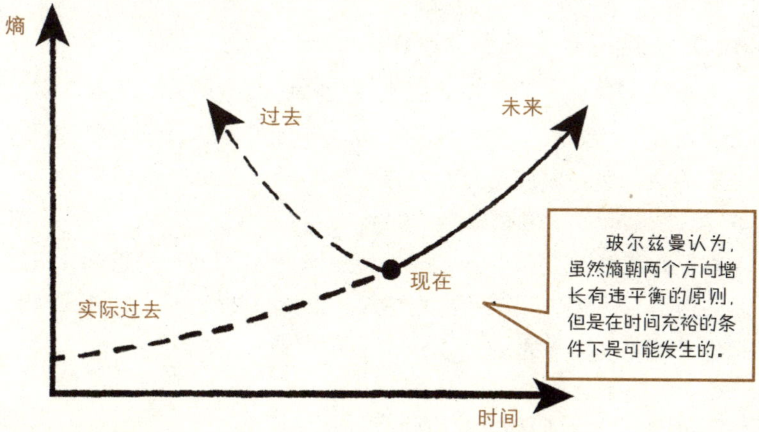

玻尔兹曼的假设

玻尔兹曼提出了令人费解的假设：在遥远的过去，可以观察到的宇宙将处于低熵值的波动状态。

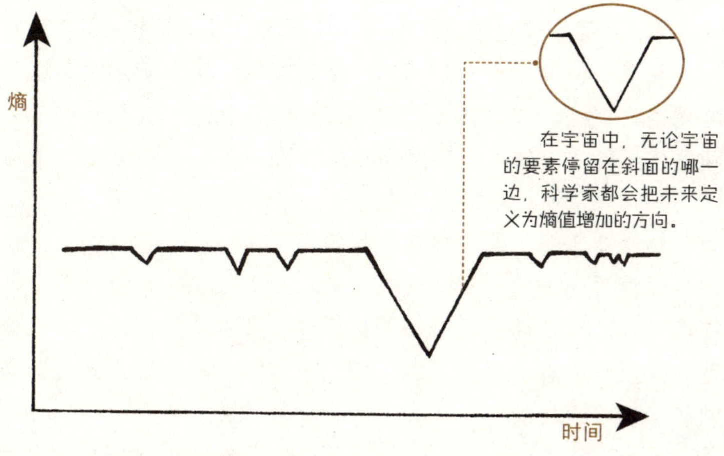

宇宙论的时间之矢

但事实则是，仅凭借光拥有熵增大的法则不可能决定时间的方向，不过，这可以决定其他时间的方向。

光波的传导从来不会逆转

举例来说，光的传播看起来是从过去传向未来，绝对不会发生逆行的现象。光属于电磁波的一种，即使把波扩展到一般情况来考虑的话，仍然可以确定光就是波的一种。就波的传导方向而言，是可以区别时间的过去和未来的性质的。

假如电波也是那种波的话，通过使用它，明天的新闻今天就可以知道了。不过在现实生活中是从来没有人听过明天的新闻的，这是绝对不可能发生的。

时间之矢与熵增大的方向

这种时间之矢的现象，还可以称为热力学的时间之矢。另外，在我们人类完全无法干涉的地方，也有时间之矢的存在。宇宙即使到了现在也是在继续膨胀着的，那么，如果以宇宙膨胀的方向来定义时间之矢，而且宇宙永远持续膨胀，那么这个方向是永远不会改变的。

然而，假如宇宙是封闭的，而且在某一天会突然由膨胀的状态转变为收缩的状态，那么时间之矢也就会从那一时刻开始，突然之间发生逆转了。像这种根据宇宙膨胀而决定的时间之矢，就称为宇宙论的时间之矢。

这个宇宙论的时间之矢，乍看上去可能让人们觉得似乎和周围切身体验的热力学的时间之矢没有什么太大的关系。所谓全体宇宙这类大规模的运动必然会影响我们周围所发生的事情，而且其结果是令人很难以置信和估计的。但是，这两者之间在方向上确实存在着非常紧密的联系。

宇宙的边界条件

玻尔兹曼为我们解释了时间只朝一个方向发展的原因，他认为，熵是从起点开始增加的。人们预计中的逆转过程是不会发生的，这是由于宇宙正处于一种不可能的状态，没有办法使它增加。

宇宙源于一个巨大的不可能发生的原始状态。

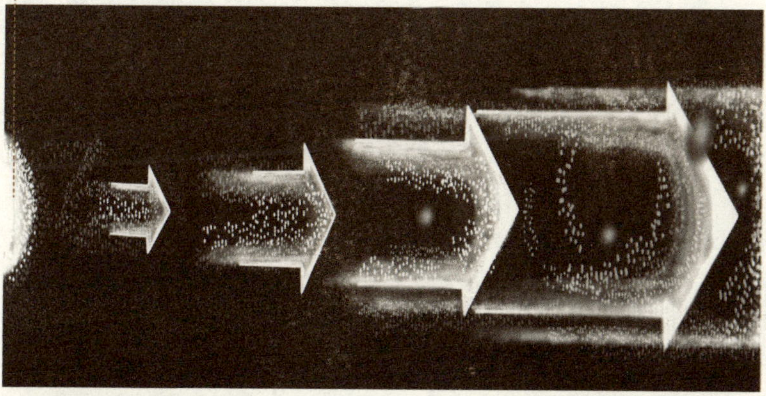

相关链接

熵定律 表示任何一种能量在空间中分布的均匀程度。能量分布得越均匀，熵就越大。当某个系统的能量完全均匀地分布时，这个系统的熵就达到最大值。

熵增大法则 朝向几率数目较多的状态转变而使系统产生变化的。如果以宇宙膨胀的方向来定义时间之矢，而且宇宙永远持续膨胀，那么这个方向是永远不会改变的。

意识中的时间

我们如何觉察时间

除了在本书中所提及的时间之矢以外，还存在着一个非常重要的时间之矢，它存在于我们的意识之中。

意识中的时间

我们每个人都记得自己过去所经历的一些事情，但我们却无法预测未来会发生什么事情。曾经有人提出疑问：婴儿难道也能意识到由过去流向未来的时间吗？事实上，婴儿是无法意识到这一点的，但随着他逐渐长大，就能在不知不觉之中意识到时间的流逝了。

再举个例子：愉快的时间，一转眼就消逝了；而悲伤的时间，却似乎永远持续着。这个关于意识中时间之矢的问题，曾经被广泛地研究——关注统筹心理活动的神经系统。

如何知觉过去和未来

有人曾将刚出生婴儿的大脑比喻成一台新的电脑。随着他的成长，才开始将形形色色不同的信息储存在记忆里。于是，记忆的量会逐渐增加。

据此，研究者可以得出结论：人们会逐渐意识到时间，将记忆较少的方向归纳成过去，将记忆较多的方向归纳为未来。而且，根据霍曼凯纳的研究，为了要增加记忆量，人类必须多摄取食物，就像电脑则必须耗费电力才可以运作。

相 关 链 接

“时间感”是什么 “时间感”是人们适应活动的一种能力。由于年龄、生活经验和职业训练的不同，人们在时间知觉方面存在着明显的差异。例如，某些训练可以使人形成精确的“时间感”，就像有经验的运动员、舞蹈演员和音乐家等都能准确地掌握动作的时间和节奏，或者是像有经验的教师那样，可以准确地估计一节课的时间。

时间知觉

时间知觉（time perception）是人们对客观现象延续性和顺序性的感知。人们总是通过某种量度时间的媒介来感知时间。量度时间的媒介主要分为外在标尺和内在标尺两种，它们的作用在于为人们提供关于时间的信息。

度量时间的媒介

外在标尺

包括计时工具，如时钟、日历等；也包括宇宙环境的周期性变化，如太阳的升落、月亮的盈亏、昼夜的交替、季节的重复等。

内在标尺

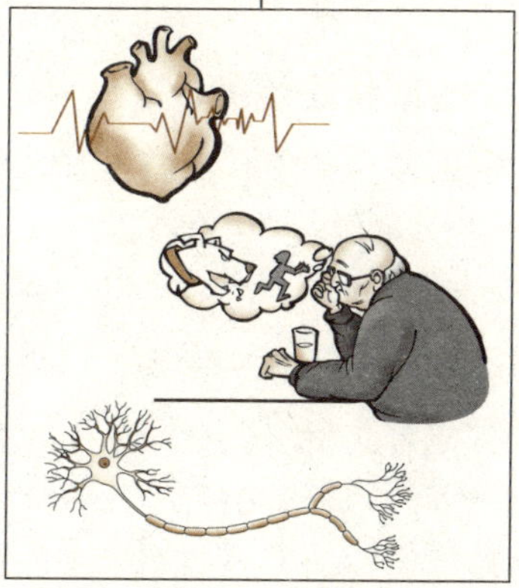

机体内部的有节奏的生理过程和心理活动，如心跳、呼吸、消化及记忆表象的衰退等，以及神经细胞的某种状态也能够成为时间信号。

内容丰富而有趣的情境
积极的情绪
追溯性态度
→ 日子过得快

内容贫乏枯燥的情境
消极的情绪
期待的态度
→ 日子过得慢

时间指向的标志
熵增大与宇宙创始

热力学的时间之矢的情况是这样的，如果要使时间从过去流向未来，就必须在最初的时候准备好低状态的熵。

我们再以硬币为例来说明这个问题。开始时，全部的硬币都是正面朝上的，可以把它当做低状态的熵；接着，因为状态的改变才产生了不同的方向性。假如最初时是从一半硬币是正面的高状态的熵开始，那么，就会一直维持一半是正面的状态，什么变化都不会发生。熵从低状态的过去迈向高状态的未来，时间也是这样流逝的。

一些低状态熵的例子

在日常生活中，我们也可以举出一些低状态熵的例子。比如由粘土制造的茶碗，或者是烧开水等等。茶碗和开水都可以说是低状态的熵的实例。现在，试想一下为什么黏土可以制成茶碗，水可以加热沸腾。那是因为有烧黏土的炭及加热水的瓦斯等能源。简言之，必须先准备好类似这种低状态的熵的能源，我们才可以使用它们制造出高状态的熵。而且，这些低状态的熵的能源，同时还可以进一步被利用作为高熵状态的能源。比如，类似石油的化石燃料，是利用过去的植物作为太阳能源的这种低熵能源来制造的。至于像这样低熵的原因，当然是会朝向过去的低熵而逐渐追溯回去。它的目的地就是宇宙创始时的状态。

如果上面的说法成立的话，就可以得出下面的结果。假设宇宙创始时，熵处于较大的状态，低熵状态就绝不会实现，热力学的时间之矢也不会出现了。

黑洞中的熵

提到黑洞，就想起它被视界的地平面所包围住的时空领域。一旦落入了事象的地平面，无论如何努力，最后都无法再回到外面的世界。这也可以解释成，一旦进入了黑洞，就永远失去与外面世界的联系了。如此一来，我们也可以认为，黑洞中具备着熵的存在。由于我们可以期待在越大的黑洞中将聚集越多未知的信息，所以熵也可以说是愈大的了。

根据更详细的研究可以得知，黑洞的熵是与包围它们的事象地平面的表面积成一定比例的。因此，在时空中普遍存在的黑洞中，参差不齐的黑洞中可能有较高的熵存在。就观测宇宙背景辐射而言，宇宙创始时并非参差不齐，而是均等的。由此可见，宇宙可以说是从熵处于低状态时开始的。

低状态熵与宇宙创始

现在以日常生活中一些例子来说明低状态熵。

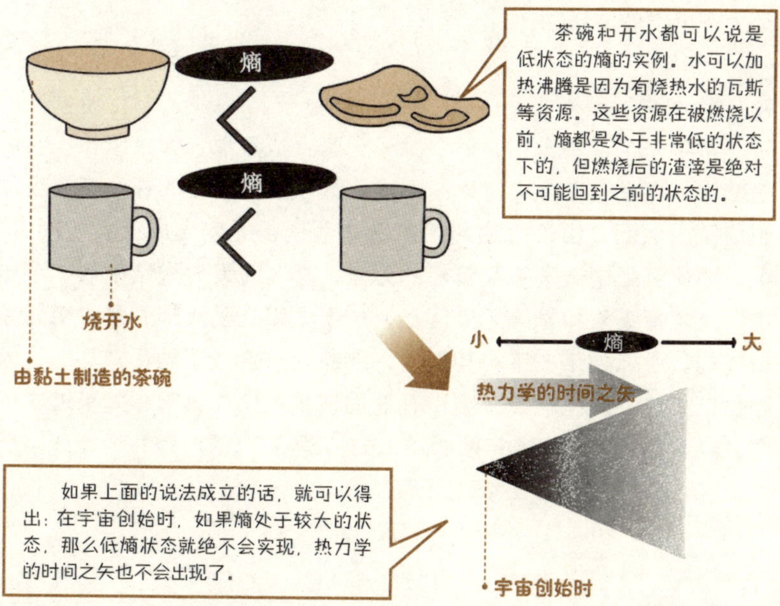

宇宙创始状态

宇宙膨胀与收缩

宇宙创始时，可以说是处于极低的熵状态，那才是我们周围时间之矢存在的根本原因。然而，为什么宇宙创始时处于低熵状态呢？

箱子里的熵的状态

假设现在一个封闭的箱子里，制造出熵的最大状态。如果箱子的大小不改变的话，熵就会一直停留在原来的状态。问题就出在膨胀的速度上。膨胀的速度，与微小过程发生的速度相比，可以说非常的缓慢。如此一来，由于使状态发生变化的时间非常充裕，所以才能够实现熵常保持的最大状态。由于没有足够的时间可以产生细微的过程，所以无法实现熵的最大状态，而是出现维持低熵的状态。正如前面已经叙述过的，宇宙正在进行减速膨胀。也就是说，在宇宙创始时膨胀速度最快，熵无法达到最大状态而逐渐地“落后”，于是才产生了低熵状态。

宇宙创始时的元素合成现象

举例来说，宇宙创始时发生了元素合成现象。如果宇宙没有高速膨胀，那么元素合成将逐渐形成，甚至连最安定的铁元素也会被制成了。然而，由于急速的宇宙膨胀而使得元素合成反应“落后”了，即使已经制造了氦等较轻的元素，那么元素合成结束后，宇宙也不过才留下氢和氦等元素而已。由于太阳几乎大部分是由氢元素组成的，所以如果在宇宙初期时，连铁也被合成了的话，那么，太阳也就无法形成。现在宇宙中存在的恒星，比如太阳，如果追本溯源，应该都是由于宇宙初期所发生的“落后”（或收缩）所造成。所以，“落后”也并非完全都是不好的。

箱子里的熵的状态

假设现在在一个封闭的箱子里制造出熵的最大状态。熵的最大状态由箱子的大小决定，因此箱子膨胀的速度决定熵的状态。

缓慢地膨胀

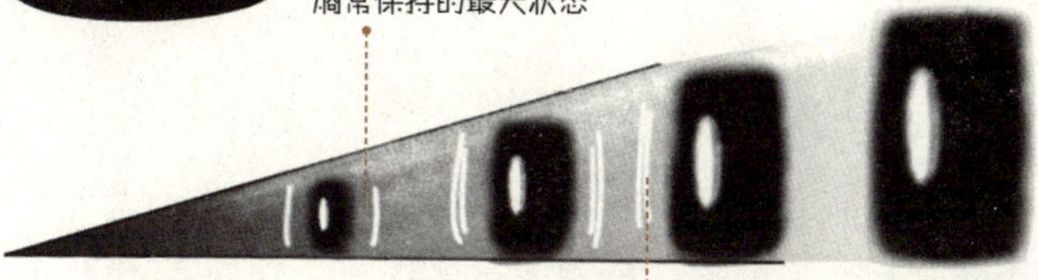

非常缓慢的膨胀速度会使状态发生变化的时间非常充裕，所以能够实现熵常保持的最大状态。

急骤地膨胀

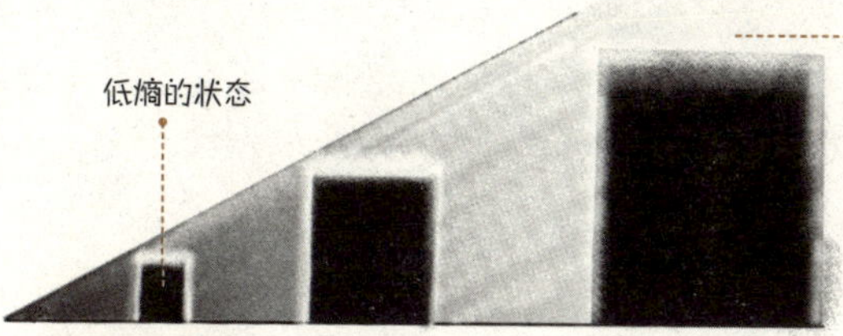

如果箱子急速地膨胀，那么没有足够的时间可以产生细微的过程，从而无法实现熵的最大状态，而是出现维持低熵的状态。

结 论

如果宇宙正在进行减速膨胀，或者它过去的膨胀速度比较快，即在宇宙创始时膨胀速度最快，那么熵就无法达到最大状态，而产生低熵状态。

举例来说，在宇宙创始时发生元素合成的现象时，如果急速的宇宙膨胀使得元素合成反应“落后”了，即形成了氦等较轻的元素，那么在元素合成结束后，宇宙就只留下水的构成元素和氦了。

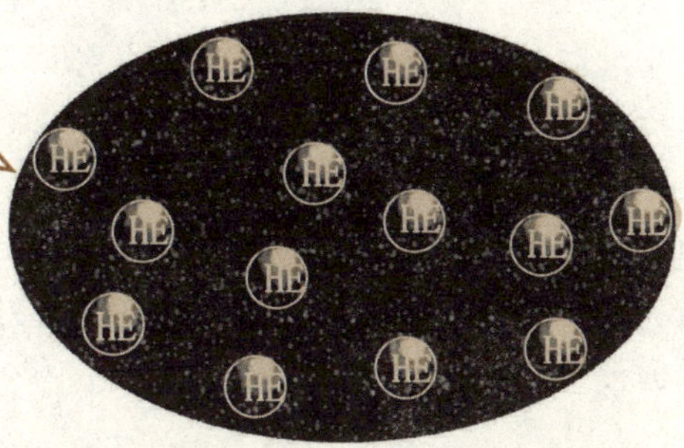

生物赖负熵为生

薛定谔与负熵

薛定谔应用热力学和统计力学等物理学理论来解释生命的本质，提出了负熵的概念和生物生长和进化的关系。他的“生物赖负熵为生”的名言至今脍炙人口。

薛定谔：量子力学的奠基人之一

薛定谔是著名的奥地利物理学家、量子力学的奠基人之一。他在《生命是什么》一书中宣称，希望探索这样一个问题：“在一个生命有机体的空间范围内，就空间和时间上的事件，如何用物理学和化学的知识来解释。”

薛定谔首先提出了遗传密码传递的概念，并认为，这种密码贮存在“非周期性晶体”——具有亚显微结构的染色体纤丝中。按照薛定谔的观点，这种贮存着密码的非周期性晶体就是生命的物质载体。这简直是薛定谔对后来生物科学家发现DNA的精确预言。

负熵的概念

负熵指负的熵。可以利用价值多的状态，就是熵越低的状态。这样一来，转移到没有利用价值的状态，似乎正是熵增大的法则。然而，为了维持生命活动，仅靠摄取能源是远远不够的。生物体因摄入到体内的能源，而产生了化学变化。从熵增大的法则来说，在那些过程中，普通的熵就会被生成了。举例来说，这指的也是体内开始堆积起老废物了。因为废物的利用价值较低，所以熵就成为利用价值较高的物质了。

先撇开生命组织不谈的话，我们可以认为是熵增大后最终难免消亡的结果。如果要避免这一点，就必须将那些已经老化的废物进行分解了，或是将它们排出体外。正因为如此，我们才必须食用负的熵或者呈现负熵的状态才行。

“薛定谔的猫”

“薛定谔的猫”被爱因斯坦认为是最好地揭示了量子力学的通用解释的悖谬性。其大意是：在一个封闭的盒子里装有一只猫和一个与放射性物质相连的释放装置。

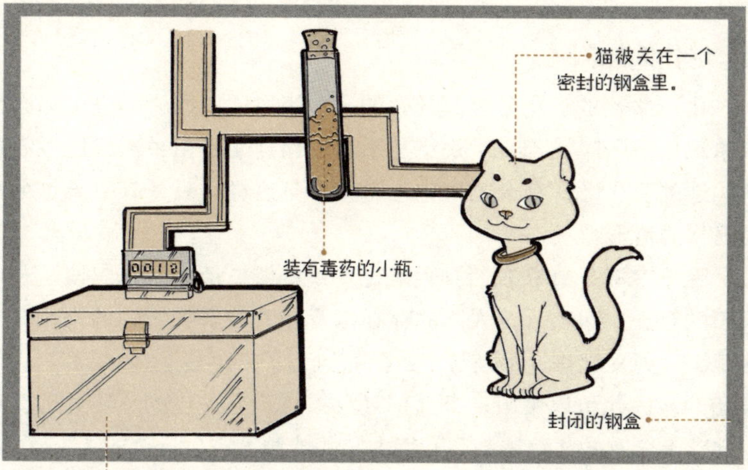

在盖革计数器中有非常小的一块辐射物质，可能衰变也可能不衰变。如果衰变，计数管便放电并通过继电器释放一锤，击碎一个小的氢氰酸瓶。则必然会杀死这只猫。

分析

薛定谔的实验认为，按照量子力学的观点，在一段时间后，这只猫则既是死的，又是活的，它有两种状态同时存在，虽然人们无法看到它的两种状态，但用著名的薛定谔方程表示就是，这猫的时间演化在数学上可以用这两种状态的组合——系统的波函数来描写，但这有违物理学和生理学的常识。

进化的起源

宇宙的起点

一提到进化，人们就会想起生物的进化；而宇宙随着膨胀而造成的收缩或“落后”，也都可以认为是进化的原因。

进化的原因

由于生物的进化是极其复杂的，并不像这里所说的进化那么极端单纯化，所以我们暂时先将某系的进化当成是由单纯构造迈向复杂构造的变化吧。社会的进化也差不多是这样，只是有时候也会发生退化的情形。

至于究竟是什么东西导致进化一说能够广泛流行，应该是源于太阳的存在。事实上，太阳的存在以及在其内部物质的燃烧，释放能源，闪闪发光等，都是从宇宙创始时有了“落后”（收缩）之后才开始的。由此可以看出，“落后”（收缩）正是进化的真正原因。我们地球上所有的生物体都是利用太阳的能源才产生进化的。

对太阳能的利用

进化的情况也是同样的。我们可以想象通过利用太阳的能源来减少自己的熵。因此，来自太阳的能源就必须要流到宇宙空间中去，从而也就必须减少熵，并以热量这种形式发散到外界去。而冰箱内部之所以会越来越冷，也正是因为内部的熵正在以热量的形式发散。现在的重点在于，由于宇宙膨胀，从而使得充满空间的辐射的温度逐渐下降。

现在的宇宙背景辐射的温度是负 270 摄氏度，由于已经远远低于地球或太阳，所以热量才能够流向宇宙空间。更进一步说，由于空间正在膨胀，就像箱子的容积越大，熵可以舍弃的场所也就越宽裕。

总而言之，这类进化的原因归根到底是由宇宙初期的“落后”和宇宙膨胀所造成的低温所致。

熵定律

克劳修斯把熵增原理描述为：热量不能自动地从低温物体传向高温物体，但不等同于通过外界做功使热量从低温物体传到高温物体。

如果在绝热房间内放一台冰箱，通过外界做功而使冰箱内的温度变低，冰箱外的房间内温度变高，也许这种拉开温差的现象不能叫做熵减。

相关链接

熵增原理 爱因斯坦认为，熵定律是科学定律之最。熵增原理反映了非热能与热能之间转换的方向性，即非热能转变为热能效率可以100%，而热能转变成非热能时效率却小于100%。在重力场中，热流方向由体系的势焓（势能+焓）差决定，即热量自动地从高势焓区传导至低势焓区，当出现高势焓区低温和低势焓区高温时，热量自动地从低温区传导至高温区，并且不需要付出其他代价的绝对熵减过程。熵所描述的能量转化规律比能量守恒定律更重要，通俗地讲：熵定律决定着发展方向，能量守恒定律决定平衡，因此，熵定律是自然界的最高定律。

彭罗斯的假说

用奇异点区分过去和未来

虽然采用因宇宙膨胀所造成的“落后”能够说明时间之矢的进化，可是仅用这一点是不能解决所有问题的。

宇宙膨胀与重力崩溃

简单来说，由于膨胀会因为重力而减速，所以膨胀初期如果速度不在某种程度上加快的话，宇宙可能在形成中途就崩溃了。不过，如果膨胀速度太快，密度的晃动也无法成长，银河、星球也都无法诞生了。于是，为了要使密度的晃动成长，就必须借助重力集中周围的物质；可是一旦宇宙膨胀速度太快，在集中周围的物质之前，重力早已经逃之夭夭了。假如膨胀的速度恰巧非常有利，宇宙的年龄就会变得非常长，同时也就能产生银河和星球了。

假如宇宙像通货式膨胀一样持续地急速膨胀，银河及星球永远也没有办法产生。因此，就通货式膨胀这个理论来说，使地球变得足够大之后，产生急速膨胀的真空能源将会变为辐射，并用它来维持宇宙全体的温度。因此，缺少了真空能源的宇宙，就会自动以那种有利的速度进行膨胀。

彭罗斯的反对意见

彭罗斯对此观点却大唱反调。他坚持认为，人们至今未能了解奇异点理论，并且认为用该理论应该可以区分时间的过去和未来。而且，宇宙的创始及结束，由于时空参差不齐的情况而有所不同。

最初的时候，时空是在齐整均衡、顺畅自然的状态下产生的；可是到了最后，却成为了满是黑洞的时空。它们之间的不同，归根结底来说，全都是由时间之矢造成的。也就是所谓的时空也上岁数了，逐渐变得老化凋零了。

奇异点理论

彭罗斯认为，宇宙的最初是奇异点，然后发生大爆炸，接着由于大爆炸的能量而形成了一些基本粒子。这些基本粒子又在能量的作用下，逐渐形成了宇宙中的各种物质。这是目前最有说服力的宇宙图景理论。

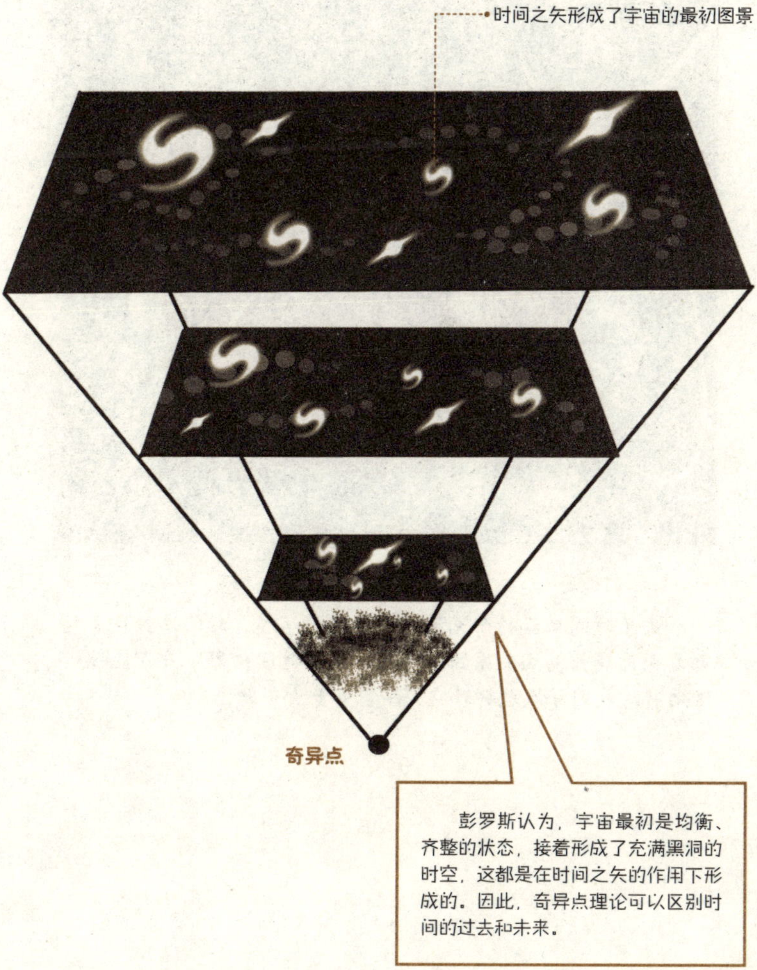

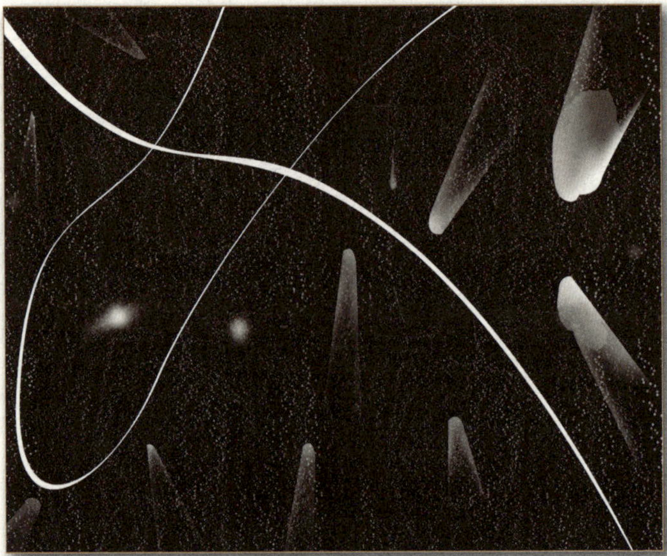

我们能穿越时空吗

关于时间机器的研究渐渐成为热门话题，时间本身巨大的魅力毫无疑问是主要原因。同时，探寻时间机器本身可能性的活动将对我们深入理解时空和宇宙有重大帮助。

第6章

时间机器

时间总是给人神秘莫测、不可思议的感觉，你是不是也想乘上时间机器亲身体验一番？

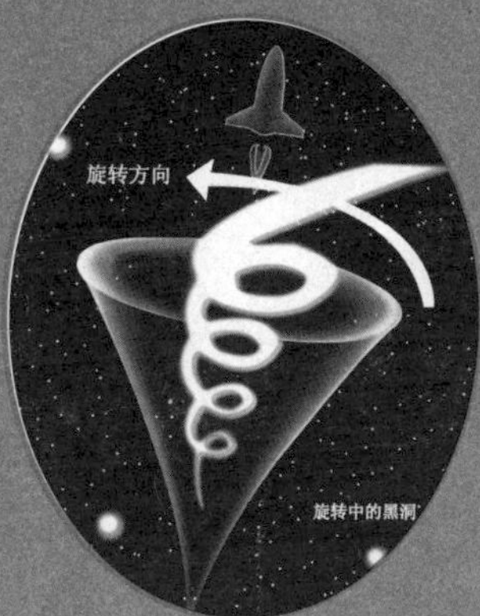

真的可能吗

神奇的时间机器

当宇宙从膨胀转变为收缩时，时间开始逆流，时间流逝的方向正是宇宙膨胀的方向，霍金这个大胆的观点在当时引起极大轰动，虽然到后来被否定了。

时间逆流

霍金有一段时期曾认为，当封闭的宇宙从膨胀转变为收缩时，时间就会开始逆流。

初期，他为了论证宇宙诞生的观点而从事的量子宇宙论研究，即将宇宙全体视为量子力学的存在。他主张，从将时间视为虚数的角度出发，就可以顺利地解释宇宙创始了。依照这种想法，再试着调查宇宙的某些简单典型的话，得到让人意想不到的结论即在测量宇宙的大小时，大的方向就是宇宙膨胀的方向，即无序度逐渐增加的方向。这种无序程度的增大可以被视为熵的增大，霍金根据这一理论，认为宇宙膨胀的方向就是时间流逝的方向。

后来，由于更仔细和缜密的研究使霍金的这种观点被驳回了，但是就理论的可能性而言，能够提出如此大胆的主张或许正是霍金的真本事。

时光机器可能吗

时光机器这个名词最初出现在科幻作家威尔斯 1895 年的小说《时间机器》之中。当时，威尔斯已经将时间当做四次元来处理了，这是远远早于爱因斯坦的。

然而，如果时光机器真的存在的话，就会产生名为“时间吊诡”的逻辑上的矛盾。举个例子来说，如果回到自己出生之前，将过去自己的母亲杀死的话，自己理应就不存在了。这样的话，就会出现很多干涉过去且反过来影响现在，或者是取得未来的信息用以决定现在的事情。因此改变未来这一类的事情就会层出不穷。

在物理学中，时光机器从一开始就是被否定的。这一切是原因也是结果，因为原因必然是结果的过去，而这种因果关系正是自然科学的大前提。例如，假如一开始没有你父母亲存在的过去，当然也不会有现在的你的存在。这和电影《回到未来》的情况是一样的。

然而，最近关于时光机器的正式研究，却似乎开始在学界杂志上喧嚣起来。它的理由当然是因为时光机器本身的魅力，而且借着追求时光机器的可能性，得以更深入地理解时空、宇宙的性质。

时间吊诡

如果真的存在时光机器，那么人们就会遇到“时间吊诡”的逻辑上的矛盾。如果人们通过“时光机器”回到过去的话，那么必然会做出很多干涉过去并影响现在的事，或者是取得未来的信息用来决定现在的行动的事情。因此改变未来这一类的事情就会层出不穷。

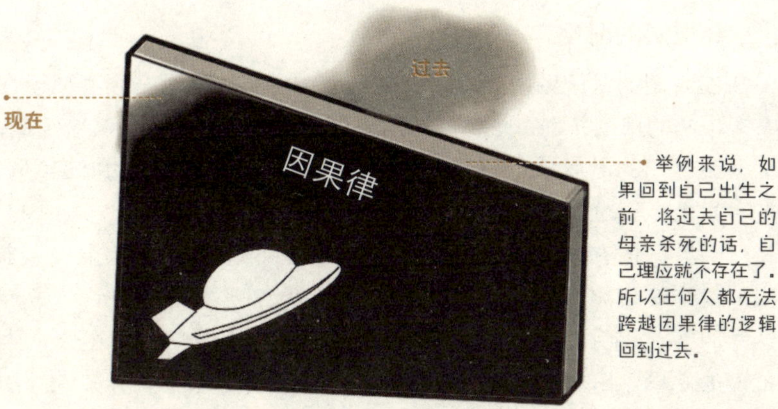

时间的特质

如前文所述，在广义相对论中，时空被认为是因物质而扭曲的。这样的话，如果我们将空间扭曲，真的可以制造封闭空间吗？

举例来讲，将空间扭曲，就可以制造出封闭的空间。这正如同二次元情况中的球面。球面上，无论从哪里出发，只要笔直地行进，都会回到原来的地方。同样，如果时间也是封闭的话，是不是就无法使时空扭曲呢？

封闭的时间轴

假如这一切成立的话，一旦朝未来行进，就会不知不觉回到过去，重返到原来的时间了。由于时间是一次元，所以可以把它想象成类似封闭的轮轴。

制造时光机器时，只要在时空里制作封闭的时间轴就可以了。事实上，类似这种封闭的时间轴，是非常普遍的。在广义相对论的基本方程式——爱因斯坦方程式中，有许多解答已经被发现，其中就有关于封闭的时间轴的解答。

非现实的时空

在封闭的时间轴中，有一个是葛德尔宇宙。它是一种类似于在某个中心的周围、宇宙全体旋转的模型，在它远离中心的某个领域，会发生封闭的时间轴。同时，还有一种名为反朵·吉塔的时空，它的时间是有限的，就像画出的圆圈一样是封闭着的。

另外，还有人认为，如果真有那样的宇宙存在，那么过去和未来的时空就会被混合了，从而这个世界就无法形成生命。因为那样认为的话，我们则认为他们怀有轻视和不严谨的态度，即处于人类推理的立场。简单来说，就是如果宇宙中没有像人类一样知性的生命存在，那么宇宙也和不存在一样了。

封闭的时空

封闭的时间轴

我们用封闭的空间来类比封闭的时间轴。

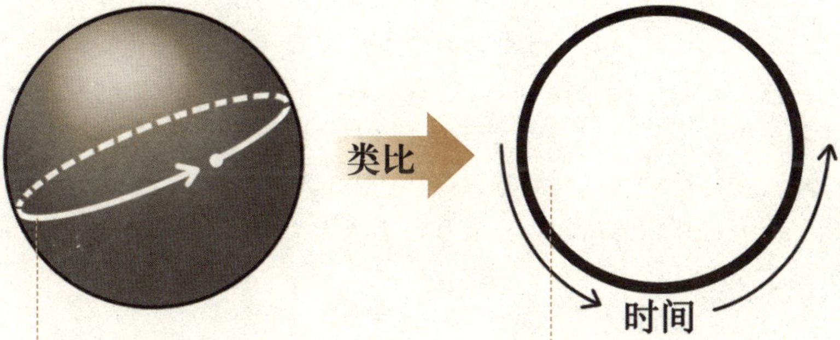

如果将空间扭曲，制造出封闭的空间，那么就球体而言，无论从球面上的哪一点出发，只要笔直地行进，都会回到原来的地方。

由于时间是一维的，所以我们可以把它想象成类似于封闭时空的封闭的时间轴。时间沿着轮子流逝，绕一圈后可以回到原来的起点。

非现实的时空

这是反朵吉塔时空。在这个时空里，它的时间是有限的，就像封闭的圆圈。

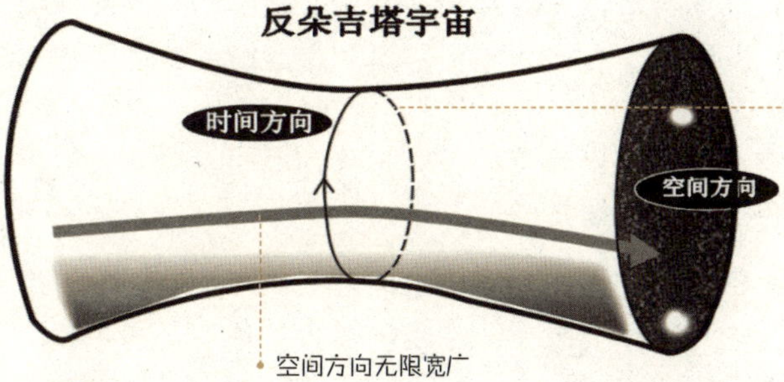

在反朵·吉塔时空里，时间可以循环往复，而空间则是无限延展的。

空间方向无限宽广

旋转黑洞

另一种黑洞

星球或银河等天体旋转的情形是很普遍的。我们现在假设，黑洞正在旋转着，那么它内外两侧的时空就会变成什么样的呢？

正如前面讲过的，由于旋转中天体的重力崩坏，黑洞才得以形成。这样的话，只要把黑洞想象成也是在旋转着的话，就不会觉得不自然了。我们可以假设，在正在旋转着的黑洞附近，光朝四面八方射出来。于是，光因为重力而被拉向内部的同时，黑洞的旋转方向也会被拉扯。这是因为黑洞拉扯周围的时空而旋转着的原因。即使光本身打算朝向黑洞中心笔直地飞进去，但仍然不知什么时候就远离了中心。

旋转黑洞和不旋转黑洞

旋转黑洞也叫做克尔黑洞，具有不重合的两个视界和两个无限红移面。视界是黑洞的边界；无限红移面指的是光在这个面上发生无限红移，即光从一个边界射出后发生引力红移。如果红移后的频率为零，那么这个边界就是无限红移面。

按照彭罗斯的推理，能量较低的粒子在穿入能层后，会从能层中获得能量，从而在穿出能层时有很高的能量。如果反复操作此过程，粒子就提取黑洞的能量，使能层变薄。这些能量是黑洞的转动动能，因此在能层变薄后，黑洞转动的动能会减少。到了能层消失时，克尔黑洞就退化为不旋转的施瓦西黑洞。此时，粒子不能再继续提取黑洞的能量了。

在克尔黑洞中的中心奇异区的是一个奇环——而非奇异点，那是由奇异点围成的一条圆圈线。当黑洞旋转的速度越来越快时，内外视界就有可能合二为一，此时的黑洞称为极端克尔黑洞。如果旋转速度再快一点，视界就会消失，奇环就裸露在外面。这一说法与彭罗斯的宇宙监督假设是矛盾的。因此在这一前提下，黑洞的转速是受限的。此时，如果飞船从外部飞入，就一定会穿过内外视界间的区域，并且在进入内视界内部后可以在其中运动而不一定会停在奇环上。同时，飞船还可以从这里进入其他的宇宙，并从另一个宇宙的白洞出来。

黑洞的外侧

如同前面叙述过的，黑洞的表面叫做事象的地平面。没有旋转的情况时，在地平面的外侧，例如与重力取得平衡的架好的火箭，对于黑洞而言它可能处于静止中。然而，在黑洞旋转时，周围的时空本身也会被黑洞拉扯。所以，即使在地平面的外侧，直到某个距离为止，在逐渐接近的过程中，不管再怎么努力，都无法使它静止下来。仿佛是被黑洞的旋转拉着一样不停运动起来。

黑洞的内侧

在黑洞的内侧，则发生了更有趣的现象。由于旋转的影响，而又出现了另一个事象的地平面。朝外射出的光，明明是停留在它的位置上，却又出现在外侧的事象的地平面。如果黑洞没有旋转的话，事象的地平面就只会有一个，一旦落入其中，就连朝外射出的光也只能朝内行进。

然而，如果黑洞正在旋转的话，因旋转而产生的离心力就会发挥作用，似乎要抵消重力似的。因此，朝外射出的光虽然是变成朝内行进，但是随着越来越接近中心，它的速度就会逐渐变慢，直到在某个地方速度减为零。那个地方就称为内部的事象的地平面。在内部的地平面中，只有当离心力胜过重力时，朝外射出的光才能够朝外行进。可是，一旦落入内部的地平面之中的话，就再也没有机会逃到外面来。

旋转黑洞

如果黑洞在旋转的话，那么它内外两侧的时空会有很大的变化，并且具有很强的力量。假设在正在旋转着的黑洞附近，光朝四面八方射出来，此时光会由于重力作用而被拉向黑洞内部。同时，黑洞的旋转方向也会被拉扯。

如果黑洞不旋转，那么在与重力作用平衡的方向架设火箭，那么此时火箭是可以保持静止的。

光由于重力作用，行进方向被拉扯。

事象的地平面

旋转中的黑洞使时空发生弯曲。

旋转黑洞的切面图

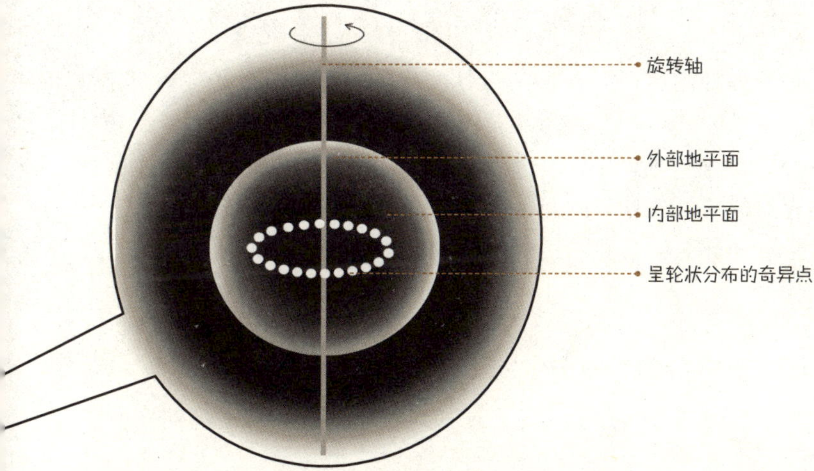

旋转黑洞的纵切面

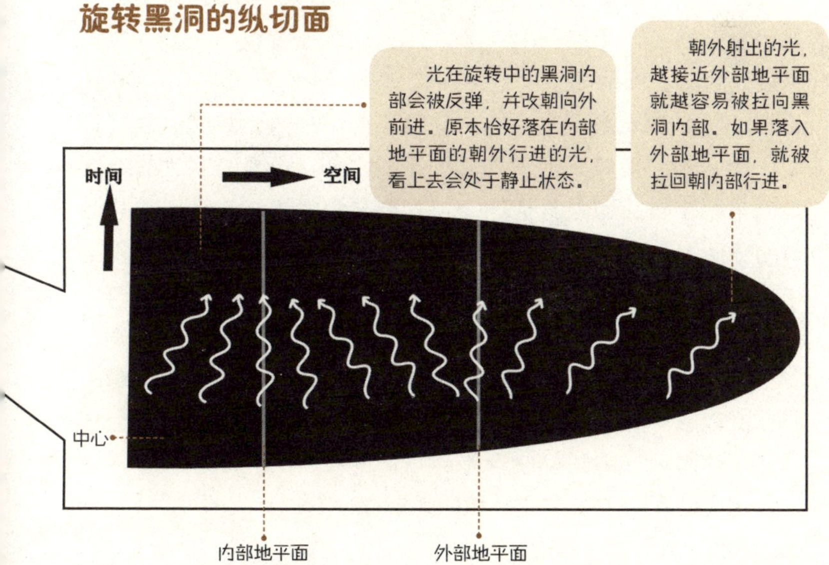

时光隧道

连接平行宇宙的通道

旋转中的黑洞会出现两个地平面。而且，一旦飞进外侧的地平面，也必然会落入内部的地平面中。

虽然内部的地平面中存在着奇异点，但是这也是由于离心力的原因，才导致它不是点状而是轮状。由于在内部地平面之中，重力与离心力取得平衡而且影响力不大，所以未必不会产生和奇异点发生碰撞的情形，而且可以做运动。但是不管怎样，仍然无法逃到内部地平面的外面。如此一来的话，刚才说的做运动，又在往哪里做的呢？

从一个宇宙到另一个宇宙

现在发生了不可思议的现象，也就是地平面的性质突然发生了改变。换句话说，就是在此之前原本是吸入的一方，现在摇身一变成为了吐出的一方。这也正是朝内射出的光看起来是停在这个场所内的原因。即使是以光速朝内行进，却也只能停留在那儿，因为已经耗尽最大的努力而枯竭了。

这样的话，也就是原本是在内部地平面中的人，却突然被抛到内部地平面之外，接着又到了外部地平面之外。可是，到达的世界却不是原来的宇宙，而是其他的宇宙。旋转中的黑洞正是通往其他的宇宙的捷径，也可以说是时光隧道。

与黑洞相反的白洞

由广阔的地平面所包围起来的领域，因为具有与黑洞完全相反的性质，所以被称为白洞。其他的宇宙中也存在着旋转黑洞，一旦飞进那里，穿越时光隧道，就会跑到下面的宇宙。正是这种旋转着的黑洞，使得无数的宇宙彼此互相联系起来。

连接宇宙的时光隧道

旋转黑洞中的时光隧道

就旋转黑洞而言，如果原本是在内部地平面里面的人，突然被抛到内部地平面之外，到了外部地平面之外，那么他到达的世界就不是原来的宇宙。

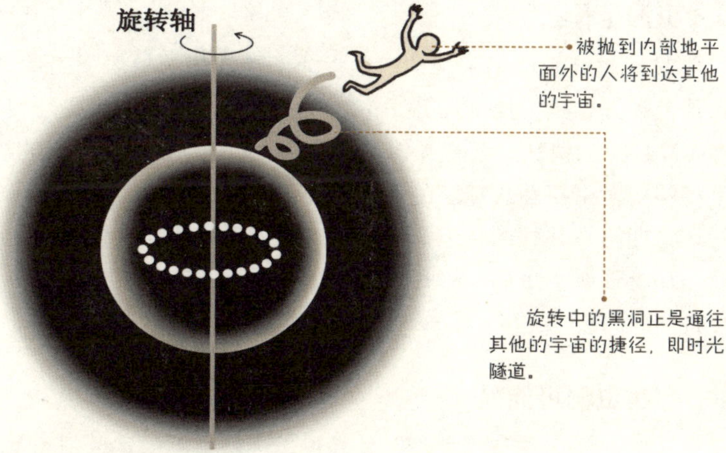

无限尺寸的圆柱

法兰克·蒂普勒设想了一种无限尺寸的圆柱，如果某天人们具有了中子星的能力，可以使这个圆柱无限大并旋转得飞快，那么人们就可以通过这个圆柱回到过去了。

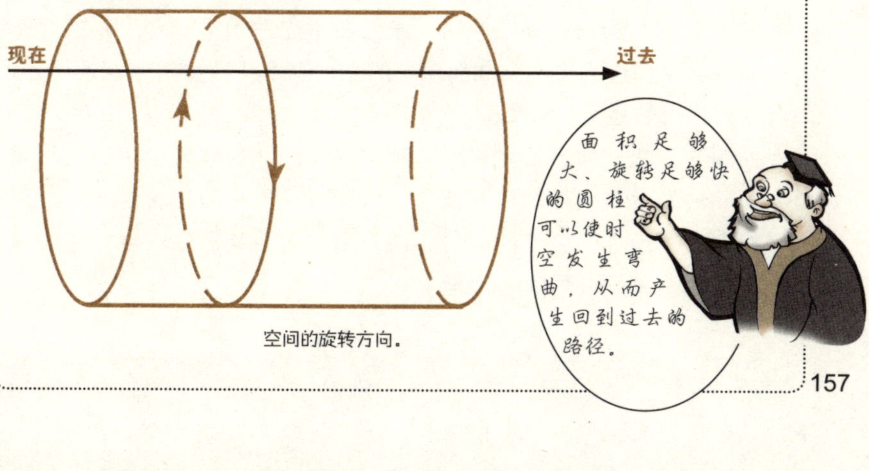

空间的旋转方向。

虫洞
连接时间的隧道

现在，我们来探讨一个制造时光机器时不可或缺的话题——虫洞。虫洞的重要作用在于连接时间隧道。

虫洞是什么

假如时空是位于苹果的表面，为了要连接苹果表面上两个点，虫从一点开始咬，渐渐凿开一个洞穴。这个洞穴对应的是连接时空中相异两点的捷径。就广义相对论来说，只要准备充分适当的物质，就能够将时空扭曲成任意的形状。因此，这样也就会使时空中相异的地方凹陷，并好像管子似的被拉长。如果将两条管子连接起来的话，那就形成了虫洞。这是因为将这两个黑洞避开内部的奇异点而连接形成的。

穿越虫洞可能吗

在时光机器中使用虫洞，如果虫洞无法穿越的话，那可就令人头疼了。于是人们思考，使事象的地平面无法在入口形成，缓慢地扭曲时空或许就可以了。然而，这下人们才了解使用迄今为止仍属未知的物质是不行的。因为普遍物质具备正面的能源，所以重力才能成为引力，结局时空才能逐渐地无边无际地扭曲。因此，如果使时空不太扭曲的物质存在的话，通过使用这种物质，就可以制造出能被轻易穿越过的虫洞。然而遗憾的是，至于这种物质究竟是什么，迄今为止仍然是个未知数。

现在，我们暂且假定虫洞是可以穿越的，由此来说明关于利用它而制造的时光机器。霍金认为，虫洞可以说是存在着的非常小规模的虚时间世界。所谓的虚时间，是指相对于我们生活中的实时间而言，是以虚数来测量的时间。

虫洞

如果时空是苹果的表面，虫洞就是连接苹果表面上两个点的洞穴。这个洞穴对应的是连接时空中相异两点的捷径。按照广义相对论，只要某种大质量物质使时空扭曲成任意的形状，在时空中相异的地方凹陷为被拉长的管子的形状。

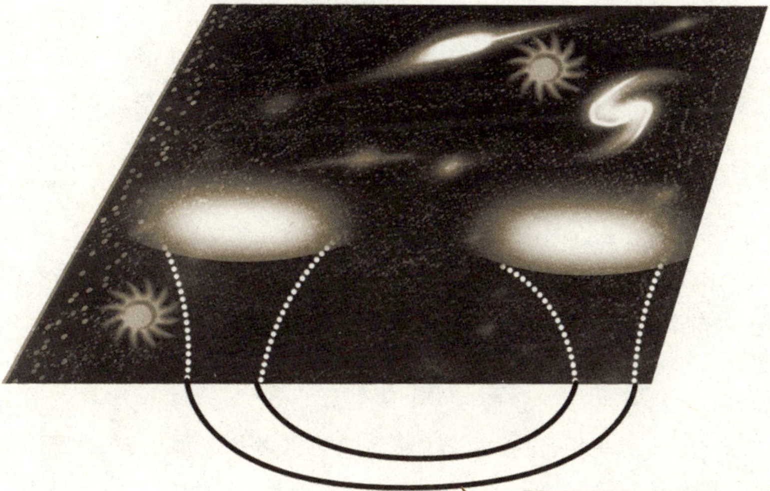

如果将两条管子连接起来的话，就形成了虫洞。这是将这两个黑洞避开内部的奇异点而连接形成的。

关于虫洞的几种说法

①是空间的隧道，就像沿球面走就比较远，但是走球里的直径就比较近，虫洞就是直径。
②是黑洞与白洞的联系。
③是时间隧道，根据爱因斯坦的理论，人们可以穿越虫洞进行时间旅行，但是人们只能看到过去和未来的事件，就像看电影，只能观赏，却无法改变发生的事情，因为时间是线性的，事件的顺序是无法调动的。

使用虫洞
时光机器的制造原理

如果使用能被穿越的虫洞，那么，我们就可以轻易地制造出时光机器了。这是用“狭义相对论”中的“双子吊诡”来说明的。

两个不同时刻的虫洞入口

首先，依据指示应将虫洞的两个入口尽可能地缩小，所以在此为了起到简单的示范作用，就假设虫洞的两个入口是在同一时刻连接的。这样一来，就会产生与“双子吊诡”相同的情况，入口 B 的时间晚了，就会产生两个拥有不同时刻的虫洞入口变成并列的情况。

举例来说，位于入口 A 附近的人，在晚上八点时来到入口 B 处，从那里飞了进去。假设抵达入口 B 需要花费一个小时的话，那么抵达入口 B 时，应该是在晚上九点。入口 B 以自己的钟表计时，假如在早上十点回到原来的场所之后就静止不动的话，此后入口 B 的钟表时刻应该是和入口 A 的钟表时间相同才对。因此，推理中的人在抵达入口 B 时，入口 B 的时间应该是上午十一点。由于入口 B 的十一点与入口 A 的十一点是相连的，所以那个人飞进入口 B 之后，应该会在上午十一点时从入口 A 飞出来。由于出发的时间是在晚上八点，这样不就是回到过去了吗？

可以制造这样的虫洞吗

不过，仅仅因为如此就庆幸时光机器顺利完成，肯定为时过早。首先，究竟现实中能否制造出能被穿越的虫洞，这本身就已经存在相当大的疑问。而且，即使能够制造出那种虫洞，能否把它拓宽为人类可以穿越的大小，以及能否自由自在地操控它，是否还有单一方面的入口等等。问题已经堆积如山了。

旋转黑洞中的时光虫洞与时光机器隧道

如果将虫洞的两个入口尽可能地缩小，使虫洞的两个入口在同一时刻连接，这样就能产生与“双子吊诡”相同的情况——让入口B的时间晚于入口A。以下是对文中举例的说明。

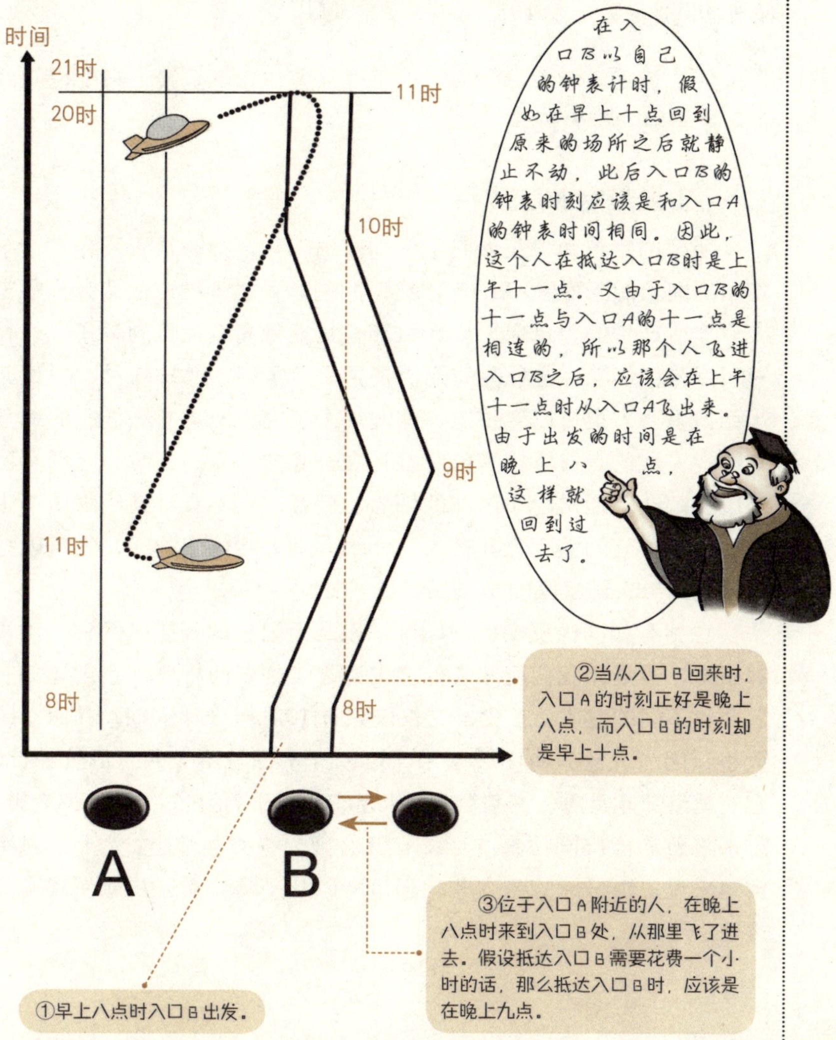

宇宙绳

宇宙中的绳状能源群

由于虫洞本身还是现今的空想产物，所以使用它制造时光机器就多少给人点缺乏现实感的印象。难道说使用稍微现实一点的工具，就没有办法完成时光机器吗？

经过缜密思考后，我们想出了一种方法，就是接下来要说明的使用宇宙绳的时光机器。

宇宙绳与宇宙起源

所谓的宇宙绳，正如它字面的意思一样，指的是可能存在于宇宙中的绳状能源群。1981 年，绳论的创始人之一维伦金认为，宇宙大爆炸所产生的力量会形成无数细长且能量高度聚集的管子，这种管子就是“绳”。这种绳的性质是异乎寻常的，像蜘蛛丝，但比原子细得多，人类可以穿过它，却发现不了它。一英寸这样长的绳具有的能量大约是科罗拉多山脉叠加在一起的质量。同时，它拥有巨大质量却缺乏通常物质熟知的性质，例如，它不会对其他物质产生引力作用。它的强度也非常大，如果有地方拴住它的话，它足以把地球拖到半人马星座的 α 星那里，并且不会断。

包括有如同橡皮圈的封闭绳，以及无限长的开放绳两种。虽说都是绳，但是和我们所知道的橡皮圈之类的东西相比，宇宙绳却有着截然不同的性质。首先，它仅仅只有 10^{-30} 厘米那么细。其原子的大小，因为大约只有 10^{-8} 厘米，所以几乎是看不见的。尽管如此，它的重量却非常重，据猜测 1 厘米足有相当于1亿吨的1亿倍那么重。如果将普通橡皮圈拉直的话，它就会因为张力而缩小；然而，对宇宙绳来说，由于绳的张力非常强，所以几乎需要光速才能使其剧烈震动。

假如存在宇宙绳

假如宇宙绳真实存在的话，由于它巨大的质量，而把周围的物质拉到身边，形成密度极大的领域，那么或许可以认为其朝向银河或是银河团成长。如今的宇宙中最大的谜题之一就是，银河究竟是怎样形成的。有一些研究者认为，宇宙绳正是解开这个谜团的关键。

宇宙绳

根据绳论创始人维伦金的观点，宇宙大爆炸所产生的力量会形成无数细长且高能量的管子，这种管子就是“绳”。

宇宙绳的观测

①绳在宇宙中分布很稀疏，大概每隔 2 百亿光年的距离才有一根。但是，如果有某根无限长的绳在几十亿光年远的地方绕过宇宙的一隅，那么人们就可以通过望远镜来观测它了。

②如果绳是宇宙初期扰动阶段形成的，那么它们就会猛烈震动，由于绳的质量很大，这种震动会放射出能量丰富的周期性脉冲——引力波。这些引力波从产生后就开始衰减，并且在地球绕日运动过程中出现缓慢的有规律运动，引力波的运动可以作为天文学家检测宇宙绳的线索。

宇宙绳的特性：拥有巨大的能量却不会对其他物质产生引力作用，像蜘蛛丝，比原子还细，可以穿过它走路却发现不了它，强度也极大。

大质量绳的震动会形成引力波。

能源的最低状态

真空的互相转换

假设真的存在宇宙绳，那也是在宇宙创始时真空互相转换之中形成的。所谓的互相转换，听起来可能非常迷惑，所以接下来就为您说明这个问题。

什么是互相转换

举例来说，水变成冰，或者是变成水蒸气，这都可以称为互相转换。不论是水、水蒸气或是冰，以化学式来书写的话，都是由 H_2O 这个水分子形成的。水分子处于完全自由地盘旋飞翔状态时是水蒸气。一旦温度下降，水分子间的力开始变得重要，而且也逐渐无法像之前那样自由运动了，这时指的正是水。更进一步来说，温度继续下降，水分子之间就会以某种特定的并排方式聚集在一起，完全无法自由地运动，这种状态下指的正是冰。像这种由于温度等的影响而使状态突然产生变化的情况，就叫做互相转换。各种状态唯有在指定的温度下，能源才是最低且呈现最安定的状态。

最初的宇宙是什么样的

宇宙创始时处于极度高温，什么都没有的状态正是能源最低的状态。而且，由于宇宙膨胀而使温度下降，名为“席克斯粒子”的分子均匀地布满空间的状态时，能源才逐渐变低。这种现象正是造成有影响“席克斯粒子”的特别力量存在的原因，这种现象又被称为真空的互相转换。

以这种互相转换作为一个分界线来说，旧真空和新真空的能源并不相同；新真空的一方只有席克斯粒子们相互作用部分的能源才会逐渐减低。而且，如果存在没能成为新真空的部分的话，由于那部分仍然维持旧真空状态，所以与四周相比，其能源就会变得较高。至于没能成新真空的那一部分，因为它的绳状形态，而被称为宇宙绳。

互相转换

以水分子为例，水变成冰或者水蒸气，都可以称为互相转换。在这个过程中，不论是水、水蒸气或是冰，都是由 H_2O 这个水分子形成的。

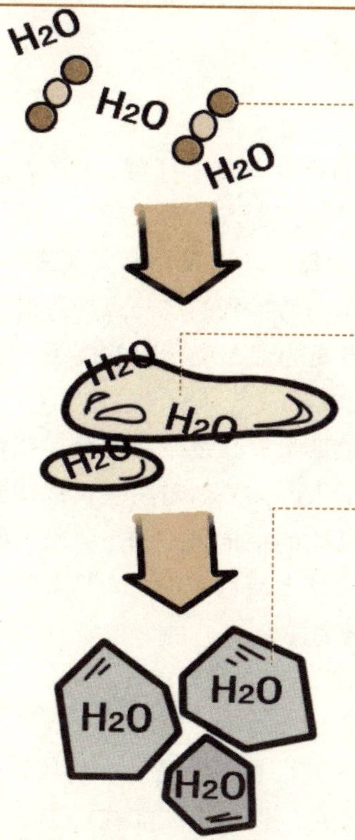

水分子处于完全自由地盘旋飞翔状态时是水蒸气。

温度下降，水分子间的力开始变强，逐渐形成水。

温度继续下降，水分子就会以某种特定的并排方式聚集在一起，完全无法自由运动，形成冰。

每种状态都在一定温度下呈现最稳定的状态。

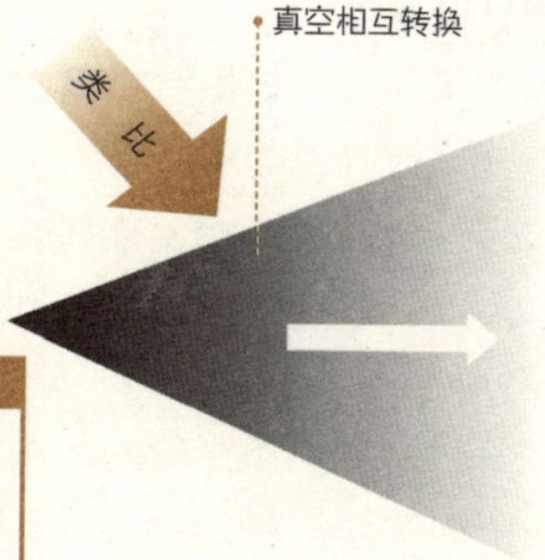

相互转换，能源降低。

宇宙的创始

宇宙创始时与水蒸气变成水的互相转换非常相似。在宇宙创始时，物质因为极度的高温而被分解成零散的基本粒子。宇宙膨胀而使温度下降，基本粒子均匀地布满空间的状态时，能源才逐渐变低。这种现象又被称为真空的互相转换。

缺口

宇宙绳周围的时空

如果想要制造使用宇宙绳的时光机器，那么就必须利用宇宙绳周围的时空所拥有的不可思议的性质了！

想象中的宇宙绳

或许这看起来有点太过直观，而且令人难以理解；不过，只需要把图画出来，就可以充分了解它了。为了方便考量起见，干脆把它想象成是笔直延伸的宇宙绳好了。然后，试着用它绕周围一圈。如果没有宇宙绳，就会如同小学课本中所学到的绕一点四周的角度是 360° 。然而，如果正中间有宇宙绳的话，绕行它的周围所需的角度，是比 360° 要小的。

出现这种情形，是因为宇宙绳的四周有角度缺损部分。宇宙绳的质量越大，角度缺损部分也随之变大。如果试着将宇宙绳周围的空间，用一张纸来表示，假设笔直延伸的宇宙绳是和一张纸成垂直形状的。如果将由纸张与以宇宙绳为顶点所构成的三角形剪下来的话，所得的缺口正好相当于角度缺损的部分。

切口的连接

剪下来之后，再绕宇宙绳四周一圈，也的确是只少了被剪掉的角度部分，而且比起 360° 是小了一点。但是，假如我们把一边的切口和另一边的切口相互连接起来的话；也就是说，一旦到达一边的切口，下一个瞬间就能移到另一边的切口。为了要观察在宇宙绳四周究竟会发生什么样的事，请试着想象下面的情形。

假设远方有两条平行的光线经过，并且穿过宇宙绳的两侧。宇宙绳周围的空间，存在如图所示的角度缺损情况。因此，原本认为在远方平行行走的光线，一旦经过宇宙绳的话，两条光线的路径就会逐渐逼近，进而交叉。如此一来，宇宙绳刚好扮演了透镜的角色。

宇宙绳

假想宇宙绳是笔直的

为了让问题简单化，现在将笔直延伸的宇宙绳想象成一张垂直形状的纸。试着用它绕周围一圈。由于正中间有宇宙绳，绕行它的角度是小于 360° 的。出现这种情形，是因为宇宙绳的四周有角度缺损部分。宇宙绳的质量越大，角度缺损部分也随之变大。

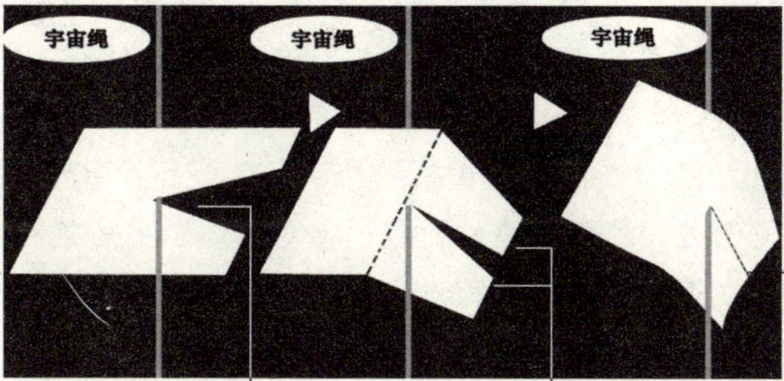

封闭角度缺损部分，使切口连接，两个点就成为一个点了。

如果将宇宙绳周围的空间用一张纸来表示，假设如果将由纸张与以宇宙绳为顶点所构成的三角形剪下来的话，所得的缺口正好相当于角度缺损的部分。

如果试着将它绕周围一圈。如果没有宇宙绳，就会如同小学课本中所学到的绕一点四周的角度是 360°。然而，如果正中间有宇宙绳的话，绕行它的周围所需的角度，是比 360° 要小的。

假如把一边的切口和另一边的切口相互连接起来的话；也就是说，一旦到达一边的切口，下一个瞬间就能移到另一边的切口，即两个点是同一个点。

宇宙绳对光线路径的改变

假设远方有两条平行的光线经过，并且穿过宇宙绳的两侧。

宇宙绳周围的空间，如果存在角度缺损的情况。那么原本平行行走的光线经过宇宙绳附近后就会改变路径，两条光线会逐渐逼近，并相交。

此时宇宙绳具有透镜的作用。

使用宇宙绳
制造时光机器

现在，就让我们试着来做这个使用宇宙绳的时光机器吧！首先，请您结合图一起参看。

假想宇宙绳的四周有如图所示的两点 A、B。当然是由 A 点出发然后抵达 B 点的，但是假如说没有宇宙绳，速度就一定会在光速以下，不管再怎么快，也得花上某个最低限度的一段时间，就假设需要花上 3 个小时好了。然而，如果有宇宙绳的话，而且是选择通过它四周被剪掉的部分，比起笔直地行进，绝对可以以更短的距离到达。比如说是以光速以下的速度行进，就可以在比 3 小时更短的时间内抵达。这正是如图所示的路线 AC、DB。

再举个例子来说，由 A 点到 C 点需要花费 1 小时，由 D 点至 B 点也需要花费 1 小时，假如说一旦 C 点与 D 点的时刻相同的话，那么由 A 点到 B 点所花费的时间就只需要两个小时而已。至于 C 点与 D 点时刻相同，是在宇宙绳处于静止状态下才有的情况。因此，如果宇宙绳是处于运动状态下的话，事情就会不一样。

假如适度地调节宇宙绳的速度，使得由 C 点至 D 点回到过去所花的时间在两小时以上，结果就可以在从 A 点出发以前的时刻抵达 B 点。然后再回到原来出发的地点，就算是时光机器的完成。因此需要另外再准备一条宇宙绳，才能再次发生同样的事。不过，这一回是改由朝向 B 点方向运动的宇宙绳四周经过，然后返回到 A 点。这样一来，返回原起点的时刻，就会比原出发的时刻早，而产生回到过去的现象。

这个机械论是一位名叫高特的美国人提出来的。然而，事实上宇宙中是否有宇宙绳的存在，迄今为止仍是个未知数。即使真的有宇宙绳的话，要想自由地操作它，仍然是一个非常困难的问题。

用宇宙绳制造时光机器

如果宇宙绳的四周有A、B两点。由A点出发抵达B点在没有宇宙绳的情形下，速度再快，也需要花上很久的时间。然而，如果有宇宙绳的话，并选择通过它四周被剪掉的部分，可以比起笔直地行进要快很多。

举例

如果存在宇宙绳，由A点到C点需要花费1小时，由D点至B点也需要花费1小时，假如说一旦C点与D点的时刻相同的话，那么由A点到B点所花费的时间就只需要两个小时。

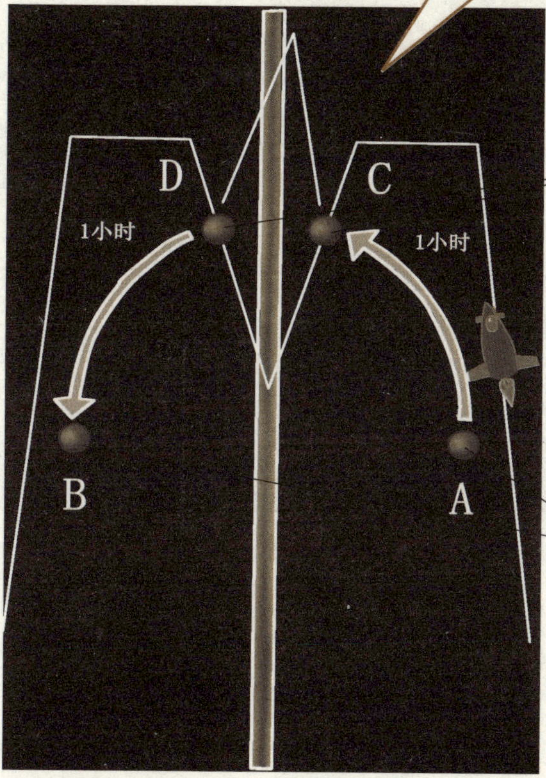

宇宙绳静止时，C点与D点的时刻是相同的。

由A点到B点只要两个小时。

运动中的宇宙绳

前文说的情况是针对宇宙绳静止时的状态，如果宇宙绳是处于运动状态下的话，情况就会有所改变。

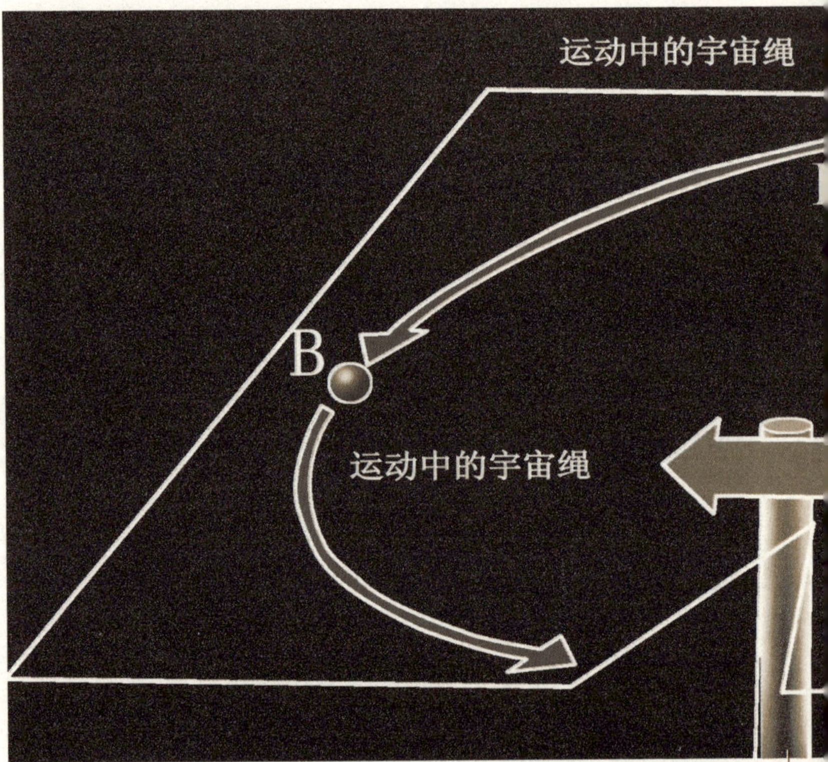

在增加新的一条宇宙绳后，改由朝新宇宙绳的方向行进，然后回到A点。此时返回原起点的时刻，会比原出发的时刻早，于是就产生回到过去的现象了。

如果宇宙绳朝A点的方向运动，在静止中的人来看，C点的时刻就会比D点的时刻更晚——由狭义相对论可知，而不是C点的时刻和D点的时刻是一样的。因此，这种情况下，对于静止的人来说，由C点去往D点，就像回到过去。

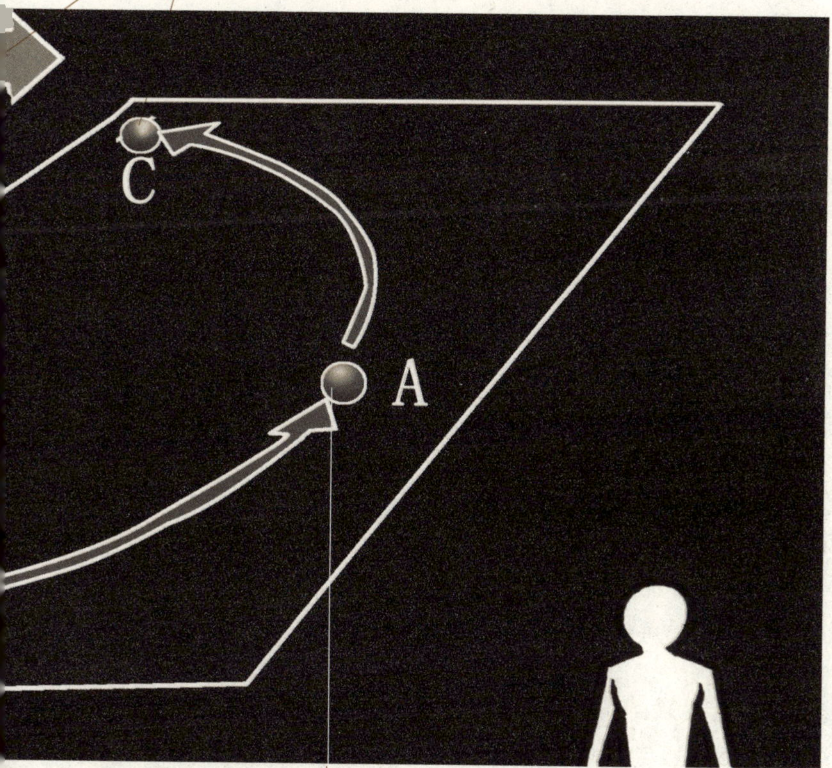

如果适度调节宇宙绳的速度，使C点至D点回到过去的时间为两小时以上，那么就可以在从 A点出发以前的时刻到达B点，然后再回到原来出发的地点，就回到过去了。但此时需要再准备一条宇宙绳。

霍金关于历史保存的假说

相对于使用虫洞或是宇宙绳的时光机器，霍金提出了一套历史保存假说的理论。于是，时光机器的存在和制造就被否定了。

广义相对论原本是指有关重力的理论，它曾一度被忽视，直到20世纪以后才被发现，随即引起了世人的震惊，其中的量子力学堪称物理学中最为重要的法则。

什么是量子力学

所谓量子力学，指的是支配那些如同分子一般非常微小的对象的法则。根据这一法则可以知道，在非常微小的规模中，所有的量子都处于摇晃的状态，所以根本无法维持一个确定的值，这种晃动就被称为量子晃动。举个例子来说，从飞机上俯瞰海面，看似平稳沉静。可是，一旦接近海面的话，看到的却是汹涌澎湃的波涛。

因此，量子力学是研究微观粒子的运动规律的物理学分支学科，以研究原子、分子、凝聚态物质为主，以及原子核和基本粒子的结构、性质的基础理论。它与相对论共同构成了现代物理学的理论基础。同时，量子力学不但成为了近代物理学的基础理论之一，而且在化学等有关学科和许多近代技术中也有着广泛的应用。

时光机器只是设想

霍金本人也做了相关的说明："制造时光机器时，重力场的量子晃动必然会变得非常重要。而如果将它的效果也考虑在内，是绝对无法制造出可以被时光机器所利用的时空构造。"另外，霍金还说过，迄今为止还没有出现有人亲见来自未来的观光旅行客的例子，或许可以说，制造时光机器目前仅仅停留在原理上。

量子力学的发展简史

量子力学是在旧量子论的基础上发展起来的。旧量子论包括普朗克的量子假说、爱因斯坦的光量子理论和玻尔的原子理论。

1900年

普朗克提出辐射量子假说，假定电磁场和物质交换能量是以间断的形式实现，得出黑体辐射能量分布公式，成功解释了黑体辐射现象。

1905年

爱因斯坦引进光量子的概念，并给出了光子的能量、动量与辐射的频率和波长的关系，成功地解释了光电效应。

1913年

玻尔在卢瑟福有核原子模型的基础上建立起原子的量子理论。这个理论虽然有许多成功之处，但对于进一步解释实验现象还存在许多困难。

1923年

法国物理学家德布罗意提出微观粒子具有波粒二象性的假说，认为如同光具有波粒二象性一样，实体的微粒也具有这种性质。

1926年

在量子力学中，粒子的状态用波函数描述，它是坐标和时间的复函数。为了描写微观粒子状态随时间变化的规律，薛定谔找出了波函数所满足的运动方程，即薛定谔方程。

1927年

当粒子所处的状态确定时，力学量具有某一可能值的几率也就完全确定，即海森伯得出的测不准关系，同时玻尔提出了并协原理，进一步阐释了量子力学。

20世纪30年代以后

狄拉克、海森伯和泡利等人的工作发展了量子电动力学，形成了描述各种粒子场的量子化理论——量子场论，它构成了描述基本粒子现象的理论基础。

反粒子

朝过去行走的粒子

如果历史保存的假说的理论正确的话，能够回溯过去的媒介是不是就不存在了呢？

相对消灭是什么

就一个可能的解释来说，我们也可以想象成是一群名叫反粒子的粒子，正从未来朝向过去运动着，所谓反粒子，指的就是英国物理学者迪拉克所预言应当存在着的粒子。举例来说，电子的反粒子名为正电子，它和电子的质量相同，只是电荷的符号恰巧相反而已。同样的，质子的反粒子就是反质子。由反质子和正电子也可以组成反原子。

这不禁让我们想到，我们所生存的宇宙中，物质占绝大多数，而反物质却几乎不存在。反粒子一旦遇上相对应的粒子，就会释放出极大的能源而将自己与对方消灭了，这就称为相对消灭。狭义相对论的预言是，质量与能源是等价的，但是由于在相对消灭中，粒子与反粒子的质量完全抵消，所以释放了极大的能源。

相对生成是什么

与相对消灭相反，如果有极大的能源的话，粒子与反粒子也可以一起形成，这就叫做相对生成。如果将反粒子想象成是由未来朝向过去回溯的粒子的话，这些现象就可以解释为如下所述内容。

所谓粒子与反粒子相对消灭，指的正是原本朝未来行走的粒子，突然改变方向，改为朝过去运动。相反，原本朝向过去逆行的粒子，突然改变方向，朝着未来行进，这就被称为粒子与反粒子的相对生成。

反粒子

反粒子的发现

1928年	狄拉克最早预言了正电子的存在而提出反粒子的理论。
1932年	由安德森实验发现而证实。
1956年	美国物理学家张伯伦在劳伦斯·伯克利国家实验室发现了反质子。

所有的粒子都有与其质量、寿命、自旋、同位旋相同，但电荷、重子数、轻子数、奇异数等量子数异号的粒子存在，称为该种粒子的反粒子。举例来说，电子的反粒子名为正电子，它和电子的质量相同，只是电荷的符号恰巧相反而已。

e^+　　e^-

相对消灭

反粒子一旦遇上相对应的粒子，就会释放出极大的能源而将自己与对方消灭了，这就称为相对消灭。按照狭义相对论的观点，质量与能源是等价的，但是由于在相对消灭中，粒子与反粒子的质量完全抵消，所以释放了极大的能量。

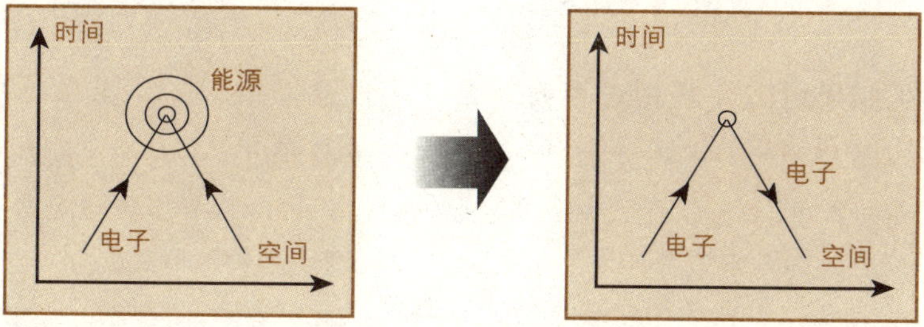

相对生成

与相对消灭相反，如果有极大的能源的话，粒子与反粒子也可以一起形成，这就叫做相对生成。例如，粒子与反粒子相对消灭，指的正是原本朝未来行走的粒子，突然改变方向，改为朝过去运动，原本朝向过去逆行的粒子，突然改变方向，朝着未来行进。

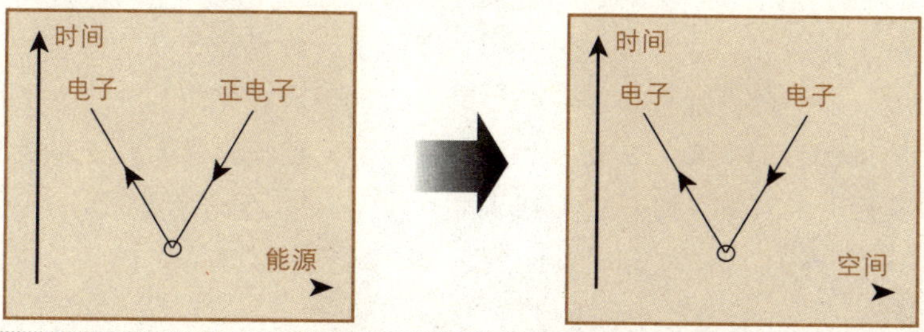

使用反物质

相对生成与相对消灭

如果反粒子真的能够回到过去，那么是不是说明我们根据这一原理就可以制造时光机器了呢？

如果可以实现相对生成

为了能够传递更多的信息，使用构造物做时间旅行就变得非常有必要了。举例来说，如果想要使水分子做时间旅行，首先就必须制造出由正电子和反质子所组成的反水分子，并有效地集中能源，使水分子与反水分子相对生成。这在技术上是否可行，目前并不是问题的根本所在。就原理来说，即使现在不可能，100 年或者更长时间以后也许都能成为现实。

如果可以完成相对消灭

如果使水分子与反水分子由于相对生成而形成，再经过反水分子与别的水分子遭遇完全相对消灭的话，就可以解释水分子是由相对消灭的时期转变为相对生成的时期进而实现追溯时间的。

如果不是事先使水分子与反水分子的状态完全相同的话，就无法实现完全地相对消灭。因此，必须事先知道能够相对消灭的对手的水分子的状态才行。假如在不知道的情况下，不分青红皂白地制造出许多反水分子，一旦与水分子相遇，却根本无法完全地消灭，就可能导致仍然残留一些电子与正电子。

我们无从知晓未来，却要预测未来，这实在是不大可能。比如预测 1 秒钟以后这种极为接近的未来确实是有可能做到的，但如果预测一年之后，就相当困难了。同样，要预测有关像水分子之类拥有简单构造的对象，应该比较容易；然而，要预测像人类这种拥有复杂构造的对象，却是非常困难的。

有关电子的推理

电子的时间旅行

为了使一个电子能够做时间旅行，就必须在某一时期使能源集中，产生电子与正电子的相对生成，然后使后来产生的正电子与其他的电子相遇，产生相对消灭。这样一来，电子就可以由相对消灭的阶段朝向相对生成的阶段进行它追溯时间的运动。但是仅仅只有一个电子做时间旅行，应该无法传递什么信息。

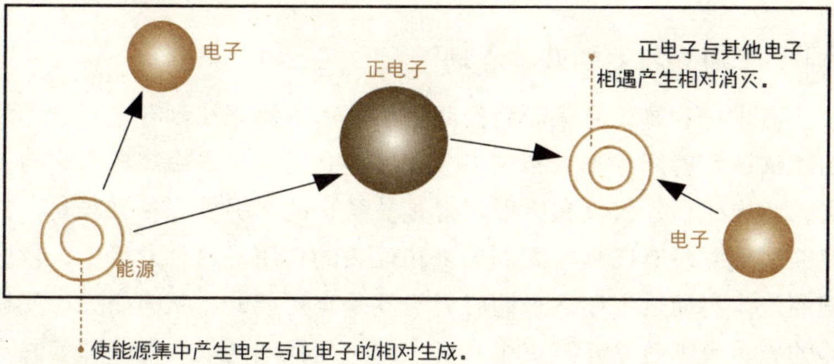

预测未来的困难

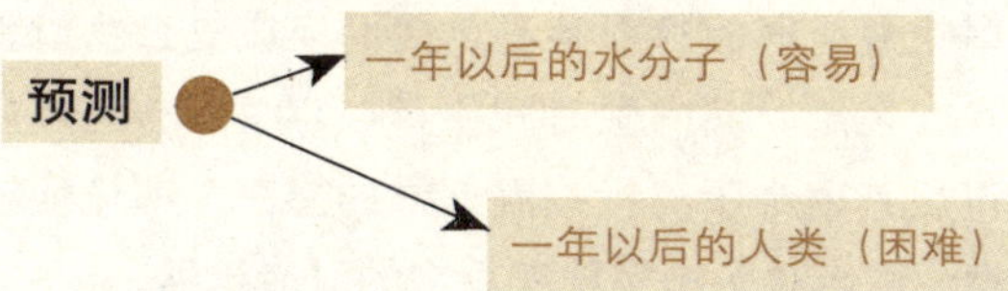

终极答案

回答“时光机器可能吗”

时光机器到底有没有可能实现呢？我们再一次提出了这个问题。遗憾的是，针对这个问题，还没有确定的答案。

虽然大部分的物理学者持有否定态度，不过同样明显的是，科学的进步并非是由以多胜少而决定的。在这个时光机器是否可行受到热烈讨论的时期，我认为存在着两种立场。

关于时光机器的两种立场

其中一种是，有某项我们尚且不知道的物理法则存在，这种法则能够区别时间的未来和过去。在这种立场中，自由穿梭未来与过去的时光机器，仅仅在原理上就是被禁止的。另外一种立场是，物理的法则并没有区别时间的未来和过去的作用。这种立场中，就原理而言，沟通过去和未来的时光机器是有可能的。从事研究时光机器的人，大都是站在第二个立场上的。而我们的观点是，即使站在第二个立场，也仍然认为时光机器是不可能的。

正如使用反粒子的时光机器，无论怎么努力地去制造时光机器，要使构造单纯的事物做时间旅行很容易，然而换成复杂物时就会变得非常困难。而且，在短时间内做时间旅行很容易，一旦换成长时间，不是仍然变得极其困难了吗？按照这样的想法，即使能够实现原理上的时光机器，也绝对无法实现实用中的时光机器。

时光机器诞生秘闻

时光机器之所以成为物理学者讨论的热门话题，是因为1989年美国相对论代表学者奇普·逊等人在学术杂志上发表了使用虫洞的时光机器的论文。美国有名的天文学者卡尔·萨根曾经出版过一本名叫《接触》的畅销科幻小说，书中写到，他在试着解读来自某个天体的电波信号时，发现那是一张设计图，图中绘着一种能够把相距几百光年空间上的两点做瞬间移动的装置。萨根借着这种装置，使虫洞正式登场了。虫洞理论代表学者萨根将自己小说的原稿送给奇普·逊过目。奇普·逊指出萨根所创的虫洞正是连接两个黑洞而“咬”的，所以左边的入口处会形成事象的地平面而无法穿越。于是，奇普·逊开始思考怎样才能制造出在入口处无法形成事象的地平面的虫洞。这也揭开了他迈向并推动时光机器论文发展的序幕。

穿过虫洞的时光机器

这是《接触》一书中描写的时光机器，它是一种能够把相距几百光年空间上的两点做瞬间移动的装置。萨根借着这种装置，利用虫洞来完成穿越时空的工程。

按照奇普·逊的观点，左边的入口处会形成事象的地平面而无法穿越。于是，奇普·逊开始思考怎样才能制造出在入口处无法形成事象的地平面的虫洞。

奇普·逊指出，萨根所创的虫洞正是由两个相连接的黑洞“咬”出来的。

附录一

我们如何感受空间和时间

常见的距离单位	单位：m
基本粒子的大小	$<10^{-18}$
质子的大小	10^{-15}
重元素核的大小	10^{-13}
密度高的恒星中原子间的距离	10^{-12}
金属、结晶中原子间距离	10^{-10}
橄榄油等的单分子层单层的厚度	10^{-9}
常温下空气中气体分子的平均自由程	10^{-8}
肥皂泡最薄处的厚度	10^{-7}
鞭毛细菌的大小	10^{-6}
人类的毛发粗细	10^{-4}
铅笔芯粗细	10^{-3}
一分硬币半径	10^{-2}
人的手掌宽度	10^{-1}
门的宽度	10^{0}
办公室的宽度	10^{1}

一列火车总长	10^2
步行10分钟	10^3
远处的风景	10^4
马拉松长跑的距离	10^5
月球的赤道半径	10^6
地球的赤道半径	10^7
地球——月球平均间距	10^8
地球到太阳的距离	10^{11}
太阳——冥王星的最大距离	10^{13}
地球到最近恒星的距离	10^{16}
太阳到天狼星的距离	10^{17}
视差法测定的最远距离	10^{18}
银河系的范围	10^{21}
邻近星系之间的距离	10^{22}
宇宙的范围	10^{26}

平常可以感受的时间间隔

人耳能分辨的最短时间	间隔 0.1秒
一天的时间	8.7×10^4秒
人的一生	10^9秒至100年
人类文明	10^4年
哺乳动物的发展	10^5年
多数岩石的年龄	2×10^9年
地球的年龄	4.5×10^9年
离地球最近的星体其构成物质的年龄	5×10^9年至10^{10}年
宇宙的年龄	10^{10}年至5×10^{10}年

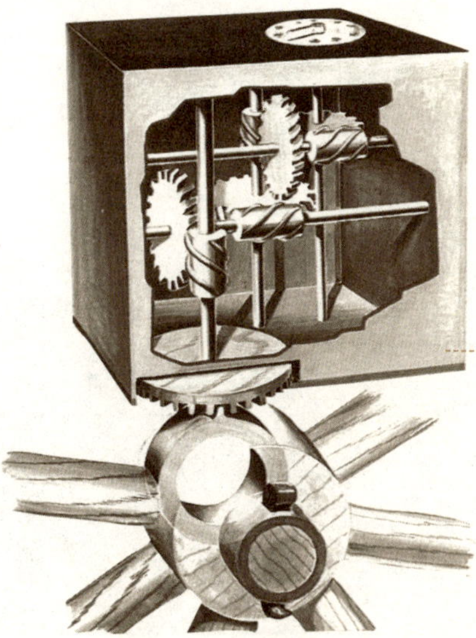

里程计时模型

罗马 公元前1世纪

这是古代的测量员测量旅行距离的装置，是今天我们乘坐的计程车的计价器的前身。它固定在马车上，与车轮和减速装置相连。车轮每转一圈，与此相连的齿轮就会转动不同的圈数，以记录行走的距离。

附录二

不可不知的科学家

1.亚里士多德（Aristotle，公元前384—前322）

古希腊哲学家、逻辑学家和科学家，被誉为“最博学的人”，其思想对西方文化的根本倾向有重大影响，曾师从柏拉图，但构筑了与之不同的哲学体系，他有一句流传千古的名言：“我爱我师，但我更爱真理。”

2.毕达哥拉斯（Pythagoras，约公元前580—前500）

古希腊哲学家、数学家和天文学家，流传至今、广为人知的成就之一是发现了毕达哥拉斯定理，即勾股定理。

3.托勒密（Ptolemy，约公元100—170）

古希腊天文学家、数学家和地理学家，创立的“地心说”曾长期主导世人的观念。

4.第谷（Tycho Brahe，1546—1601）

丹麦天文学家，望远镜发明之前最伟大的星象观测者，“地心说”的支持者，遗赠给开普勒的珍贵观测数据却使后者得以发现行星运动规律——开普勒定律，为哥白尼的“日心说”提供了强有力的依据。

5.哥白尼（Nicolaus Copernicus，1473—1543）

波兰天文学家、日心说创立者，近代天文学的奠基人，经过长期的天文观测和研究，创立了宇宙结构体系——“日心说”，否定了在西方统治达一千多年的“地心说”。

6.笛卡尔（Rene Descartes）

1596年3月31日生于法国都兰城。笛卡尔是伟大的哲学家、物理学家、数学家、生理学家。解析几何的创始人，近代科学的始祖。

7.亨利·庞加莱（Jules Henri Poincar）

法国数学家，被公认为19世纪后四分之一和20世纪初的领袖数学家，对于数学及其应用具有全面知识的最后一人。

8.莱布尼茨（Gottfriend Wilhelm von Leibniz，1646—1716）

德国最重要的自然科学家、数学家、物理学家和哲学家，和牛顿同为微积分的创始人，对丰富人类的科学知识做出了不可磨灭的贡献。

9.伽利略（Galileo Galilei，1564—1642）

意大利人，物理学家、天文学家和哲学家，近代实验科学的先驱者，也是近代实验物理学的开拓者，被誉为“近代科学之父”。

10.开普勒（Johannes Kepler，1571—1630）

德国近代著名的天文学家、数学家、物理学家和哲学家。他以数学的和谐性探索宇宙，提出被称为“开普勒定律”的行星运动三定律，被后世的科学史家誉为“天上的立法者”。

11.薛定谔（Erwin Schrdinger，1887—1961）

奥地利理论物理学家，量子力学的奠基人之一，因建立描述电子和其他亚原子粒子的运动的波动方程——薛定谔方程，获得1933年诺贝尔物理学奖。

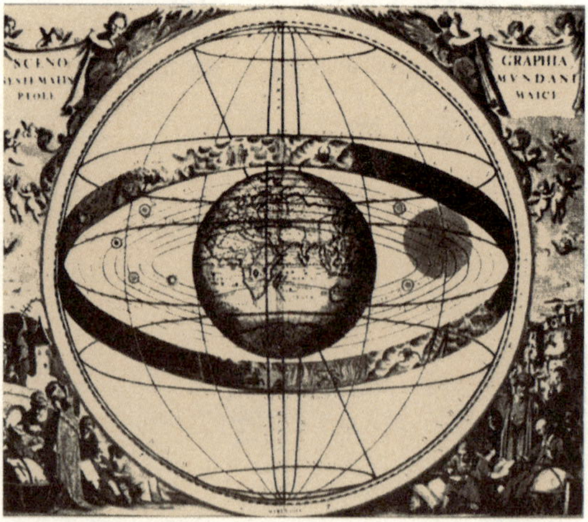

人类对宇宙的认识

版画　约公元1543年

在托勒密的天动说中，地球的位置处于整个模型的中心，太阳和其他行星围绕地球运动，如左图的幅版画所展示的。这项理论统治了人们的思想大约1300年。

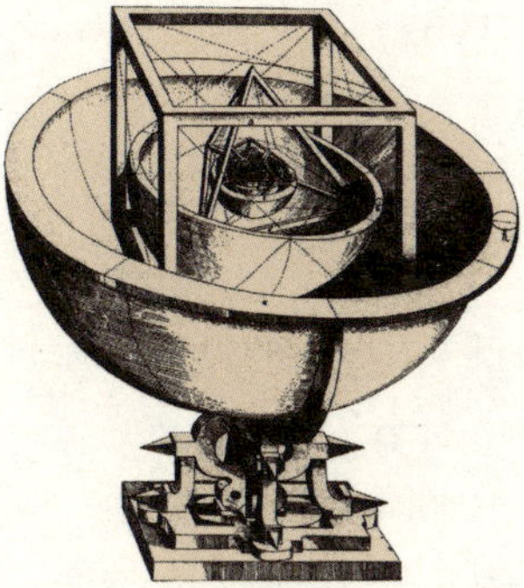

左图为开普勒的宇宙模型，此时人类对宇宙的认识已经达到了一个更高的高度。

12.普朗克（Max Planck，1858—1947）

德国物理学家，1900年提出量子概念，成为量子理论的开创者和奠基人，1918年诺贝尔物理学奖获得者。

13.海森伯（Werner Heisenberg，1901—1976）

德国理论物理学家，量子力学的奠基人之一，建立了矩阵力学和不确定性原理，1932年获得诺贝尔物理学奖。

世界的外面

拼贴画 法国弗拉马里翁出版社

公元1880年

右图的拼贴画提出了人类亘古以来的疑问：如果世界已是一切，那么这个世界的外面还会有些什么？

14.波尔（Niels Bohr，1885—1962）

丹麦物理学家，量子力学的开创者和奠基人，1922年因其“对原子结构及从原子发出的辐射的研究”而获得诺贝尔物理学奖。

15.狄拉克（Paul Dirac，1902—1984）

英国物理学家，量子力学的奠基人之一，并因此与奥地利物理学家薛定谔共获1933年诺贝尔物理学奖。

16.费曼（Richard Feynman，1918—1988）

美国物理学家，曾参与曼哈顿计划，因对量子力学的杰出贡献而与美国的施温格和日本的朝永振一郎共获1965年的诺贝尔物理学奖。

17.索恩（KipThome）

美国物理学家，对黑洞研究贡献颇多。

18.萨根（Carl Sagan，1934—1996）

著名天文学家、科学哲学家和科普作家。他参与制作的13集电视系列片《宇宙》，创下了全球60个国家共5亿人收视的记录。

伟大的天文学家埃德温·哈勃

19.詹姆斯·克拉克·麦克斯韦（James Clerk Maxwell 1831—1879）

19世纪英国伟大的物理学家、数学家，主要从事电磁理论、分子物理学、统计物理学、光学、力学、弹性理论方面的研究，建立的电磁场理论，将电学、磁学、光学统一起来，是19世纪物理学发展最光辉的成果和科学史上最伟大的综合之一。

20.阿尔伯特·爱因斯坦（Albert Einstein，1879—1955）

闻名于世的德裔美国科学家，现代物理学的伟大开创者和奠基人。他的量子理论对天体物理学、特别是理论天体物理学都有很大的影响，狭义相对论揭示了能量与质量之间的关系，广义相对论推断出了的光线弯曲现象，成为后来许多天文概念的理论基础，他的宇宙学理论推动了现代天文学的发展。

21.爱德温·哈勃（Edwin P. Hubble，1889—1953）

美国天文学家是研究现代宇宙理论最著名的人物之一，是河外天文学的奠基人。他发现了银河系外星系存在及宇宙不断膨胀，是银河外天文学的奠基人和提供宇宙膨胀实例证据的第一人。

哈勃空间望远镜

哈勃空间望远镜是为了纪念美国著名天文学家埃德温·哈勃而取名"哈勃"。20世纪20年代后半叶，埃德温·哈勃研究了星系穿过宇宙的运动，从而引出了20世纪最重大的天文发现，即："宇宙在膨胀"。图为正在太空遨游的哈勃空间望远镜。

附录三

不可不知的物理名词

1. 电子

带有负电荷并围绕着一个原子核公转的粒子。

2. 弱电统一能量

大约为100吉电子伏的能量，当能量比这更大时，电磁力和弱力之间的差别消失。

3. 基本粒子

被认为不可能再分割的粒子。

4. 事件

由它的时间和位置所指定的在时空中的一点。

5. 事件视界

黑洞的边界。

6. 不相容原理

在不确定性原理设定的极限之内，两个相同的自旋为1/2的粒子不能同时具有相同的位置和速度的思想。

7. 场

一种充满空间和时间的东西，与它相反的是在一个时刻，只存在于一点的粒子。

8. 频率

一个波在1秒钟内完整循环的次数。

9. 封闭空间

宇宙中如果物质的量较多时，宇宙膨胀就会变成收缩的状态，由物质所引起的重力愈强，则空间就会扭曲而成封闭的形象。

10. 平坦空间

如果宇宙物质的量减少时，空间扭曲情形也会变小。宇宙膨胀时，如果只要放入少许的物质，很快就可以变成平坦的空间。

11. 时间的单一方向性

时间这种由过去朝未来前进、绝不逆行的特性被称为单一方向性。

12. 分子运动论

从物质的微观结构出发来阐述热现象规律的理论。主要内容包括：①所以物体都是由大量分子组成的，分子之间有空隙；②分子永远处于不停息和无规则运动状态，即热运动；③分子间存在着相互作用着的引力和斥力。

13. 熵定律

表示任何一种能量在空间中分布的均匀程度。能量分布得越均匀，熵就越大。当某个系统的能量完全均匀地分布时，这个系统的熵就达到最大值。

14. 熵增大法则

朝向几率数目较多的状态转变而使系统产生变化的。

15. 宏观与微观

在自然科学中，微观世界通常是指分子、原子等粒子层面的物质世界，宏观世界是除微观世界以外的物质世界。

16. 时间知觉

Time perception，人们对客观现象延续性和顺序性的感知。

17. 绝对零度

所能达到的最低的温度，在这一温度下物体不包含热能。

18. 加速度

物体速度改变的速率。

19. 人择原理

人类之所以看到宇宙是这个样子，只是因为如果它不是这样，人类就不会在这里去观察它的思想。

20. 反粒子

每个类型的物质粒子都有与其相对应的反粒子。当一个粒子和它的反粒子碰撞时，它们就湮灭并释放能量。

21. 原子

通常物质的基本单元，是由包括质子和中子很小的核子以及围绕着它公转的电子所构成。

22. 大爆炸

宇宙开端的奇异点。

23. 大挤压

宇宙终结的奇异点。

24. 黑洞

时空的一个区域，因为那里的引力是如此之强，以致任何东西，甚至光都不能从该处逃逸出来。

25. 卡西米尔效应

在真空中两片平行的平坦金属板之间的吸引压力。这种压力是由平板之间的空间中的虚粒子的数目比正常数目的减小引起的。

26. 强德拉塞卡极限

一个稳定的冷星可能的最大质量的临界值。比这质量更大的恒星，则会坍缩成一个黑洞。

27. 能量守恒

能量(或它的等效质量)既不能产生也不能消灭的科学定律。

28. 坐标

指定点在时空中的位置的一组数。

29．宇宙常数

爱因斯坦使用的一个数学方法，该方法使时空有一内在的膨胀倾向。

30．宇宙学

对整个宇宙的研究。

31．暗物质

存在于星系、星系团中以及也许在星系团之间的，不能被直接观测到的，但是能用它的引力效应检测到的物质。宇宙物质的90%可能为暗物质的形态。

32．对偶性

在表观上非常不同，但是在相同物理结果的理论之间的对应。

33．爱因斯坦—罗森桥

连接两个黑洞的时空的细管。

34．电荷

粒子的一个性质，由于这性质粒子排斥(或吸引)其他与之带相同(或相反)符号电荷的粒子。

35．电磁力

带电荷的粒子之间的相互作用力，它是四种基本力中第二强的力。

36．伽马射线

波长非常短的电磁波，由放射性衰变或由基本粒子碰撞产生。

37．广义相对论

爱因斯坦的科学定律，对所有的观察者而言，而不管他们如何运动的，必须是相同的观念的理论。它将引力按照四维时空的曲率来解释。

38．测地线

两点之间最短(或最长)的路径。

39．大统一能量

人们认为，在能量达到一定的强度时，电磁力、弱力和强力之间的差别会消失。

40．大统一理论(CUT)

一种统一电磁、强力和弱力的理论。

41．虚时间

用虚数来表示测量出的时间。

42．光锥

时空中心面，在上面呈现光通过给定事件的可能方向。

43．光秒(光年)

光在1秒（1年）时间里通过的距离。

44．磁场

引起磁力的场，和电场合并成的电磁场。

45．质量

物体中物质的量；它的惯性，或对加速的抵抗。

46．微波背景辐射

起源于早期宇宙灼热的辐射，现

在它受到如此大的红移，以致不以光而以微波(波长为几厘米的无线电波)的形式呈现。

47．裸奇异点

不被黑洞围绕的时空厅奇异点。

48．中微子

只受弱力和引力作用的极轻的(可能是无质量的)基本物质粒子。

49．中子

一种不带电的和质子非常类似的粒子，在大多数原子核中大约一半的粒子是中子。

50．中子星

一种由中子之间的不相容原理排斥力所支持构成的恒星。

51．无边界条件

宇宙在虚时间里是有限的但无界的思想。

52．核聚变

两个核碰撞后合并成一个更重的核的过程。

53．原子核

原子的中心部分，只包括由强力将其束缚在一起的质子和中子。

54．粒子加速器

一种利用电磁铁能将运动的带电粒子加速，并给它们更多能量的机器。

55．相位

一个波在特定的时刻在它循环中的位置——一种它是否在波峰、波谷或它们之间的某点的标度。

56．光子

光的一个量子。

57．普朗克量子原理

光(或任何其他经典的波)只能被发射或吸收，同时其能量与它们频率成一定比例分立的量子的思想。

58．正电子

电子的带正电荷的反粒子。

59．太初黑洞

在极早期宇宙中产生的黑洞。

60．比例

“X比例于Y”表示当Y被乘以任何数时，X也如此；“X反比例于Y”表示，当Y被乘以任何数时，X被同一个数除。

61．质子

构成大多数原子中的核中大约一半数量的带正电的粒子。

62．脉冲星

发射出无线电波规则脉冲的旋转中子星。

63．量子

波可被发射或吸收的不可分的单位。

64. 量子色动力学(QCD)

描述夸克和胶子相互作用的理论。

65. 量子力学

从普朗克量子原理和海森堡不确定性原理发展而来的理论。

66. 夸克

感受强力的带电的基本粒子。每一个质子和中子都是由三个夸克组成。

67. 雷达

利用脉冲无线电波的单独脉冲到达目标并反射回来的时间间隔来测量对象位置的系统。

68. 放射性

一种类型的原子核自动分裂成其他的核。

69. 红移

由于多普勒效应，从离开地球而去的恒星发出的光线的红化。

70. 奇异点定理

该定理认为，在一定情形下奇异点必须存在——尤其是宇宙必须开始于一个奇异点。

71. 时空

四维的空间，上面的点就是事件。

72. 空间维

类空的，也就是除了时间维之外的三维的任意一维。

73. 狭义相对论

爱因斯坦的基于科学定律对所有进行自由运动的观察者，而不管他们的运动速度如何，都必须具有相同的观念。

74. 谱

构成波的分量频率。太阳光谱的可见部分，可以从彩虹上观察到。

75. 自旋

相关于但不等同于日常的自转概念的基本粒子的内部性质。

76. 稳态

不随时间变化的态，例如，一个以固定速率自转的球是稳定的，因为虽然它不是静止的，但是它在任何时刻看起来都是相同的。

77. 弦理论

物理学的一种理论，其中粒子被描述成弦亡的波。弦只有长度，但是没有其他维。

78. 强力

四种基本力中最强的、最短程的一种力：它在质子和中子中将夸克束缚在一起，并将质子和中子束缚在一起形成原子。

79. 不确定性原理

海森堡提出的原理，人们永远不能同时准确知道粒子的位置和速度；对其中一个知道得越精确，则对另一个就知道得越不准确。

80. 虚粒子

在量子力学中，一种永远不能直接检测到的，但其存在确实具有可测量效应的粒子。

81. 波/粒二象性

量子力学中的概念，是说在波和粒子之间没有区别；粒子有时可以像波一样行为，而波有时可以像粒子一样行为。

82. 波长

一个波在两相邻波谷或波峰之间的距离。

83. 弱力

四种基本力中第二弱的，非常短程的一种力。它作用于所有物质粒子，而不作用于携带力的粒子。

84. 重量

引力场作用到物体上的力。它和质量成比例，但又不同于质量。

85. 白矮星

一种由电子之间不相容原理排斥力所支持的稳定的冷的恒星。

86. 虫洞

连接宇宙遥远区域间的时空细管。虫洞也可以把平行的宇宙或者婴儿宇宙连接起来，并提供时间旅行的可能性。

87. 光速

光波或电磁波在真空或介质中的传播速度。

88. 媒介

波在传导时所必需的一种物质。

89. 以太（Ether）

在古希腊，以太指的是青天或上层大气；在宇宙学中，又用来表示占据天体空间的物质；17世纪的笛卡儿将以太引入科学，并赋予它某种力学性质。

90. 相对性原理

无论谁从什么样的角度来看待物理，物理法则都不会发生变化。

91. 宇宙射线

是来自于宇宙中的一种蕴涵着相当大能量的带电粒子流，主要由质子、氦核、铁核等裸原子核组成的高能粒子流，也含有中性的伽马射线和能穿过地球的中微子流。

92. 吊诡

有两种含义：bizarre和paradox。bizarre是稀奇古怪、不同寻常、离奇、奇特、不可思议、荒诞不经的意思；paradox有似是而非、反论、悖论的含义。

93. 黑洞

内侧光速为零的部分，如果处于外侧来看的话，是完全看不见的一团黑，这就是所谓的黑洞。一旦落入黑洞，就绝对没有再逃到外面世界的可能。

94. 黑洞的蒸发

尽管黑洞具有无限吸引的特性，但还是会有质子逃脱黑洞的束缚，这样日积月累，黑洞就慢慢地蒸发，到了最后就成为了白矮星或者就爆炸。

95. 奇异点

Singularity，一种半径为零的天体，多见于描述黑洞中心的情况。因为物质在此点的密度极高，向内吸引力极强，因此物质会压缩为体积非常小的点，即在时空方程中出现分母无穷小的描述，因此物理定律这里完全失效。

96. 核融合反应

核能分两种，核分裂能和核融合能。前者是重元素(如铀，钚等)分裂所释放的能量；后者为轻元素(如氢及其同位数氘、氚)结合成重元素(如氦等)所释放的能量。

97. 封闭宇宙

Closed universe，一种宇宙模型，平均密度足以使宇宙进行收缩到大压缩 (Big Crunch) 阶段。这种宇宙空间就像一个普通的球体——不要考虑球的内侧与外侧，只是考虑球面的世界。

98. 宇宙学常数

Cosmological Constant，在1917年，爱因斯坦就修改了他的广义相对论方程，在方程中引入了一个称为宇宙学常数的量。随后的观测却表明，宇宙并不是静态的，而是在不断地膨胀。

99. 星云

星际物质在宇宙空间的分布并不均匀。在引力作用下，某些地方的气体和尘埃会由于相互吸引密集起来，形成云雾状，这就是“星云”。按照形态，银河系中的星云可以分为弥漫星云、行星状星云等几种。

100. 恒常宇宙论

认为宇宙在任何时候都是相同的。

101. 膨胀宇宙论

宇宙物质的密度是逐渐下降的。

102. 宇宙的热平衡

从可见宇宙的一端到另外一端，宇宙微波背景辐射在所有地方都保持相同的温度。

103. 暗物质

Dark matter，是宇宙的重要组成部分，并主导了宇宙结构的形成，其总质量是普通物质的6倍，约占宇宙能量密度的1/4。

星云

上图是由哈勃望远镜发回的外太空鹰状星云——“雄鹰星云”(Eagle Nebula)，又被叫做“创造之柱”(Pillars of Creation)。该星云能量巨大，能够向外产生滚滚涌出的冷气和尘土，把冷气和尘土“送”至9.5光年远的上空。从哈勃拍摄的景象看来，这只“雄鹰”是许多新生恒星的摇篮，它能够“孵化”出大量恒星并滋养它们。

图书在版编目（CIP）数据

完全图解时间简史（每天读一点　时间简史）／（英）霍金原著；王宇琨编著.

—海口：南海出版公司，2008.4

ISBN 978-7-5442-4023-9

Ⅰ.①完…　Ⅱ.①霍…②王…　Ⅲ.①时-宇宙学-普及读物

Ⅳ.①P159-49

中国版本图书馆CIP数据核字（2008）第031646号

Read 轻阅读 系列

丛书主编／黄利　监制／万夏

项目创意／设计制作／紫圖圖書 ZITO®

每天读一点　时间简史

完全图解时间简史

原　　著	[英] 斯蒂芬·霍金
编　　著	王宇琨
责任编辑	万　夏
封面设计	紫圖装幀
出版发行	南海出版公司　电话（0898）66568511
社　　址	海南省海口市海秀中路51号星华大厦五楼　邮编 570206
电子信箱	nanhaicbgs@yahoo.com.cn
经　　销	南海出版公司　电话（0898）　66568511
印　　刷	北京瑞禾彩色印刷有限公司
开　　本	884毫米×1194毫米　1/32
印　　张	6.25
字　　数	120千
版　　次	2013年1月第3版　2013年1月第4次印刷
书　　号	ISBN 978-7-5442-4023-9
定　　价	28元

相关阅读

永不过时的经典著作

ISBN 978-7-5502-1649-5

图解时间简史

出版社：北京联合出版公司
定价：49.9元
开本：16开
出版日期：2013-8

内容简介

时间到底是什么？时间可逆转吗？可以穿越时间隧道去旅行吗？宇宙有没有边缘？宇宙起源于哪里，未来会怎样？……这些问题困住了众多的哲学家和科学家。而在霍金这里，这些难题迎刃而解。他的《时间简史》在科学界、出版界都鼎鼎有名。他将高深的理论物理学通俗化，向大众普及。但书中的一些复杂概念、逻辑关系还是有些难度，没有一定物理学基础很难真正读懂。为此，本书对《时间简史》进行了通俗的阐释，增配了大量图片、示意图、图解，为更好地理解霍金的思想提供了捷径，带给你一个人人都可以读懂的霍金！